Julia Kathan

Alles
für ein bisschen
Liebe?

Schluss mit Warten & Schmachten

Liebessucht erkennen und heilen

W0192119

SILBERSCHNUR VERLAG

Alle Rechte vorbehalten.

Außer zum Zwecke kurzer Zitate für Buchrezensionen darf kein Teil dieses Buches ohne schriftliche Genehmigung durch den Verlag nachproduziert, als Daten gespeichert oder in irgendeiner Form oder durch irgendein anderes Medium verwendet bzw. in einer anderen Form der Bindung oder mit einem anderen Titelblatt als dem der Erstveröffentlichung in Umlauf gebracht werden. Auch Wiederverkäufern darf es nicht zu anderen Bedingungen als diesen weitergegeben werden.

Omega-Verlag ist ein Imprint der Verlag »Die Silberschnur« GmbH
Copyright © 2008 Omega-Verlag
Copyright © 2016 Verlag "Die Silberschnur" GmbH

ISBN: 978-3-89845-511-4

1. - 7. Auflage erschienen im Omega-Verlag
8. überarbeitete Auflage 2016

Gestaltung & Satz: XPresentation, Güllesheim
Umschlaggestaltung: XPresentation, Güllesheim; unter Verwendung eines Motivs von
© rolffimages, www.fotolia.de
Druck: Finidr, s.r.o. Cesky Tesin

Verlag "Die Silberschnur" GmbH
Steinstraße 1 · D-56593 Güllesheim
www.silberschnur.de · E-Mail: info@silberschnur.de

Julia Kathan

Alles für ein bisschen Liebe?

Inhalt

Teil II: Ursachen

Teil III: Transformation

Danksagung

Ich danke von Herzen meinen buddhistischen Ratgebern Richard Sonoda und Yoshiharu Matsuno, meiner Mutter Bella Kathan, meinem Lebenspartner, meinem indianischen Seelenverwandten Peter Antony Acosta, meinem "very good friend", dem indischen Hellseher Singh Modi, meinem langjährigen Partner, Giovanni Galli und meiner ersten großen Liebe. Mein besonderer Dank geht an Gisela Bongart (Omega Verlag), die an mein Manuskript geglaubt hat. Herzlichen Dank auch an Simone Fischer (Lektorat) für die wundervolle Zusammenarbeit und an meinen neuen Verleger Stefan Huber. Last but not least möchte ich allen Leser/innen danken, die mein Buch im Laufe der Jahre weiterempfohlen haben. Ohne euch alle gäbe es dieses Buch nicht!

Vorwort

Die Liebe ist ein wundervolles Geschenk, und gerade das Gefühl, verliebt zu sein, macht das Leben spannend, aufregend und wundervoll. Geschenke soll man nicht zurückgeben, sondern sie öffnen und sich darüber freuen.

Leider erhalten wir das schöne Gefühl des Verliebtseins ohne Gebrauchsanweisung, und so wird die Liebe oft missverstanden. Wir tappen leicht in die Falle der Abhängigkeit und sehen den geliebten Menschen als einzige Quelle jeglichen Glücks. Diese Tendenz führt verbreitet dazu, dass das Geschenk der Liebe zu einer Art Droge wird, die uns traurig, verzweifelt und abhängig machen kann. Wenn das geschieht, schlägt die wundervolle Begegnung schnell in eine schmerzvolle, lästige und auch sehr traurige Angelegenheit um. Wenn wir glauben, ohne dieses "Geschenk" beziehungsweise ohne den vermeintlichen Traumprinzen nicht mehr leben zu können, uns ohne ihn absolut leer und verlassen fühlen, dann verwechseln wir etwas: Wir halten romantische Bedürftigkeit für Liebe!

Wahre Liebe hat nichts mit Suchtverhalten zu tun. Liebe kommt von innen, sie ist da, jetzt und hier, nicht erst durch die Menschen, die wir treffen und die uns diese Liebe widerspiegeln. In uns war und ist sie zu jeder Zeit, nicht nur dann, wenn wir Schmetterlinge im Bauch haben und die Welt rosarot sehen.

Natürlich – in dem Moment, in dem wir uns verlieben, zerspringen wir fast vor Energie und Glück und der geliebte Partner ist der äußere Anlass, durch den wir dieses Glück erfahren.

Leider schwindet das Verliebtheitsgefühl nicht nur mit der Zeit – in der Regel nach den berühmten drei Monaten –, sondern es gesellen sich auch andere, weniger angenehme Gefühle hinzu: Bedürftigkeit, Minderwertigkeitsgefühle, Eifersucht, Verlustangst, Kontrollbedürfnisse: alles Emotionen, die unsere Liebesabhängigkeit ans Licht bringen und die unsere Liebesfähigkeit einschränken.

Manche Menschen sind immer schon mit der Liebe verbunden, andere suchen sie ein Leben lang, wieder andere gar nicht und manchen gelingt es erst nach zahlreichen leidvollen Erlebnissen, mit ihr in Kontakt zu kommen.

Ich bin weder Psychologin noch Expertin in Sachen Liebessucht und kann nicht behaupten, alle Lösungen zu kennen. Anzubieten habe ich die Schlüsse, die ich aus meiner eigenen Liebessucht ziehen konnte. Ich bin in der Schule der romantischen Liebe unzählige Male sitzengeblieben und musste meine Lektionen daher doppelt und dreifach lernen. Mein Herz lag jahrelang unterm Messer, es wurde unzählige Male gebrochen und von mir wieder zusammengeflickt. Ich rannte so lange mit dem Kopf gegen die Wand, bis ich nicht mehr konnte und einsah, dass die Mauer stärker war als mein Brummschädel. Erst als es so wehtat, dass ich nicht mehr weiterwusste, war ich bereit, meine damaligen Strategien in Sachen Liebe an den Nagel zu hängen.

Durch meine Spiritualität und die Begegnungen mit irdischen Helfern, die so heilsam für mich waren, dass sie mir nicht von dieser Welt schienen, machte ich schließlich neue, glückliche Erfahrungen mit der Liebe. Heute kann ich von mir sagen: Ich liebe mich. Ich kenne die "wahre Liebe" und stehe in ständiger Verbindung mit ihr. Jeder Schritt auf sie zu ist ein Gewinn, denn erst die allumfassende Liebe gibt unserem Leben einen Sinn.

Ich hoffe, dieses Buch wird dir dabei helfen, dein liebessüchtiges Verhalten zu erkennen. Vielleicht weckt es ja auch deine Bereitschaft, Schritte zu unternehmen, die es dir ermöglichen, bisher unbewusste Verhaltensmuster zu transformieren. Vor allem hoffe ich, dass du dich verstanden fühlst. Das, worunter du leidest, ist schlicht ein Mangel an Liebe und vielleicht auch eine gewisse Hilflosigkeit, wie du diesen Mangel füllen kannst. Insofern soll das Buch dich dazu inspirieren, dich deiner Selbstliebe zu widmen und unberührtes Neuland zu betreten.

Teil I

Wirkungen

Liebe und Liebessucht

W as ist Liebe? Das ist die Frage aller Fragen! Wofür genau steht das große Wort, unzählige Male besungen und beschrieben? Es ist schon seltsam mit der Liebe – sie ist in aller Munde, und doch fühlen sich die wenigsten von uns in der Lage, sie eindeutig zu beschreiben. Obwohl wir uns so schwer damit tun zu formulieren, was Liebe ist, behaupten die meisten von uns, sicher zu sein, jemanden wirklich zu lieben. Es stellt sich die Frage: Wie können wir sicher sein?

Jeder Mensch liebt auf seine Weise, und es gibt verschiedene Arten und Facetten von Liebe: Nächstenliebe, Elternliebe, Tierliebe, Freundesliebe, platonische Liebe, Selbstliebe, erotische oder romantische Liebe ...

Liebe ist die stärkste Zuneigung, die ein Mensch für einen anderen empfinden kann. Sie ist ein Gefühl inniger und tiefer Verbundenheit mit einer Person, die über den reinen Zweck einer zwischenmenschlichen Beziehung hinausgeht. Sie drückt sich vor allem durch aktive Zuwendung zum anderen aus, und sie empfängt, während sie gibt. Es ist die Energie, die Brücken zwischen den Herzen baut, die das Ich und das Du zu einer Einheit verschmelzen lässt und die eine unwiderstehliche Anziehungskraft besitzt.

Lieben wir auf diese Weise? Entsenden wir dieses starke Gefühl aus unserem Herzen wie ein Geschenk an diejenigen, die es empfangen sollen? Oder sind wir nicht vielmehr damit beschäftigt, eine Person anzuhimmeln, und fixieren uns eher darauf, wie wir sie in unser Leben ziehen und festhalten können? Jemanden einfach nur "haben zu wollen", ist nichts anderes als unfreie, kindliche Bedürftigkeit, die allenfalls unfreie, leidvolle, kurzfristige und eben "abhängige Beziehungen" auslösen kann.

Was Männlein und Weiblein in Sachen Beziehung so alles miteinander veranstalten, hat schon viel Komisches – wenn es nur nicht so traurig wäre! Sie scheinen ein unglaubliches Talent zu haben, sich in selbstzerstörerische Dramen zu verstricken, die sie "Liebe" nennen.

Wie kann eine so starke Kraft wie die Liebe dermaßen missverstanden werden? Was haben gegenseitige Verletzungen mit Liebe zu tun? Sie zeigen nur, wie schlecht es der Person gehen muss, die verletzt. Wie egal es ihr ist, ob der andere durch bestimmte Worte und Handlungen leidet oder nicht. Wir klammern uns an den anderen und engen ihn ein: aus Liebe. Na, klar! Wir drohen dem anderen an, uns das Leben zu nehmen, weil wir ihn ja so sehr lieben!

Das Etikett der Liebe klebt auf Unzulänglichkeiten, Unsicherheiten, Ängsten aller Couleur, Eifersüchteleien, Egozentrik, Machtspielchen, sexuellen Phantasien. Irgendwie scheint der Rest der Welt stillschweigend davon auszugehen, dass es sich bei all diesen Abgründen um das verbindende, lichtvolle, strahlende, einzigartige, wunderbare Gefühl aufrichtiger Liebe handelt.

Ach so, du liebst ihn. Ja, dann ... Mach nur so weiter! Bedränge ihn, beschimpfe ihn, verfluche ihn innerlich und lass dich im Gegenzug von ihm entwürdigen, besitzen und in die Abhängigkeit locken.

Die Spanier sind in Sachen Liebesbeteuerungen etwas ehrlicher als wir. Sie sagen schlicht: "*Te quiero!*" Ich will dich! Sie nehmen nicht die großen Worte "*Ich liebe dich!*" in den Mund.

Wir denken häufig, die "große Liebe" sei die "wahre Liebe"! Große Liebe ist für die meisten jedoch nichts anderes als großes

Verlangen, gepaart mit großer *Bedürftigkeit.* Hanna: *"Ich spüre dich mehr als Hunger, ich sehe dich überall, du bist immer da ..."*

Bedürftige Liebe basiert immer auf extremen Emotionen: Sehnsucht, Besessenheit, Leidenschaft, Erotik, Angst, Lust, Ärger und Enttäuschung wechseln sich rasant ab – wie auf einer Achterbahnfahrt! Mit wahrer Liebe ist *aufrichtige Liebe* gemeint. Sie hat nichts mit Besessenheit und absolut nichts mit Leiden zu tun.

Wir denken oft, dass man die Intensität der Liebe für einen bestimmten Menschen an der eigenen Leidensfähigkeit ablesen kann. Denn wenn wir diese Person nicht so sehr liebten, dann würden wir auch nicht so sehr unter ihrer Abwesenheit oder unerwiderten Liebe leiden. Denkste! Liebe und Leid sind Gegensätze. Je weiter wir innerlich von der Liebe entfernt sind, desto mehr leiden wir, weil wir uns ohne sie traurig, verloren und einsam fühlen. Je stärker man leidet, desto stärker ist auch die Gefahr, sich von der geliebten Person abhängig zu machen!

Liebe ist beglückend, bedingungslos und frei. Sie ist Ausdruck einer wechselseitig starken inneren Verbundenheit, ausgehend von Personen, die innerlich stabil und frei durchs Leben gehen. Die Begegnung zweier Herzen, die im Gleichtakt schwingen und sich gegenseitig freiwillig auf ihrer Reise durchs Leben begleiten, ist heiter und fröhlich. Liebende sind sowohl in der Lage, aus freiem Herzen zu geben, als auch ohne Hemmungen zu nehmen.

Doch wie oft wird auf unserem Planeten auf diese Weise geliebt? In Wirklichkeit wird "aus Liebe" belogen und betrogen, es wird sogar im Namen der Liebe getötet.

Kann das Liebe sein? Sicher nicht.

Wahre Liebe ist

- frei gewählt
- frei von Angst
- spirituell
- Einheit
- gleichberechtigt
- offen
- innere Verbundenheit
- aufrichtig
- wahrhaftig
- inspirierend

- unbeschwert
- respektvoll
- innig
- tolerant
- freudvoll
- erfüllend
- würdevoll
- kreativ
- Geben und Nehmen
- energetisch weit

All diese Eigenschaften haben mit bedingungsloser Liebe, auch "Agape" genannt, zu tun. Bedingungslos heißt nicht, dass wir aus Liebe bereit sind, alles mitzumachen und uns auf eine Weise behandeln zu lassen, die unser unwürdig ist. Das wäre Selbstverleugnung.

Liebe ist aktive Energie und keine passive Haltung, die nur erduldet und erträgt. Das Lexikon sagt dazu: "*Agape ist uneigennützige Liebe, ohne den anderen für seine Zwecke missbrauchen zu wollen. Agape ist die hingebende Liebe dessen, der ausschließlich das Wohl des anderen sucht, ist von tiefer Zuneigung, Nähe und starkem Vertrauen geprägt. Das Wort 'Eros' hingegen meint die Liebe dessen, den ein Mangel bedrückt und der nach der Vereinigung mit dem Ersehnten verlangt.*" (Wikipedia)

Wie erleben die meisten Menschen tatsächlich die romantische Liebe? Auf selbstlose Weise? Es geht doch meistens eher um einen Deal. "Ich liebe dich, weil ich dich *brauche*." Oder: "Ich liebe dich, *wenn* du das tust, was ich mir wünsche – was ich will!"

Oder: "Ich liebe dich nicht mehr, weil du ..." All das sind Sätze, die für sich sprechen. Du gibst mir dieses, dafür bekommst du jenes von mir. Und wenn nicht, wird die Verbindung gelöst!

Einfachheitshalber zähle ich einmal auf, was bedingungslose Liebe nicht ist: Vor allem ist sie weder zwanghaft oder eng noch kleben vertragliche Vereinbarungen (womöglich noch mit Kleingedrucktem) an ihr, die regeln sollen, wie sich die Liebenden zu verhalten haben.

Gefühle wie krankhafte Eifersucht haben in ihrer Nähe keinen Raum und sind Merkmale dafür, dass es sich nicht um Liebe, sondern um Sucht handelt (wie das Wort Eifersucht ja schon sagt). Wobei – wie bei allen Suchttendenzen – alles nur eine Frage der Dosis ist. Wenn es einen konkreten Anlass gibt, bei dem Eifersucht und Verlustangst ausgelöst werden, sind dies sicherlich Emotionen, die ihre Berechtigung haben und die oft so schnell wieder vergehen können, wie sie gekommen sind. Eine Prise Eifersucht kann auch rührend und sogar romantisch sein. Wenn sie aber dem Zwang unterliegt, den anderen besitzen und an die Kette legen zu wollen, ist sie eher das Gegenteil von Liebe, nämlich Angst.

Es gibt viele Begriffe für einen süchtigen Umgang mit der Liebe: Beziehungs- oder Bindungssucht, Sexsucht, Romantiksucht, Co-Abhängigkeit. Allesamt verschiedene Varianten süchtiger Liebe. Was genau steckt dahinter?

Süchtige Liebe ist

- zwanghaft
- blind
- besitzergreifend
- eifersüchtig
- fesselnd

- abhängig
- bedürftig
- vereinnahmend
- angstbesetzt
- illusionär

19

- kontrollierend
- immer leidvoll
- energetisch "eng"
- auf Sand gebaut
- oft sehr schmerzhaft
- ungewiss
- weit verbreitet

Dabei ist süchtige Liebe natürlich auch

- aufregend
- prickelnd
- leidenschaftlich
- faszinierend
- berauschend
- erotisch
- abenteuerlich

Das macht sie ja gerade so attraktiv und unwiderstehlich! Das Problem dabei sind ihre vielen Schattenseiten.

Süchtige Liebe

- braucht
- projiziert
- lässt alles andere unwichtig erscheinen
- betäubt die Leere
- macht klein
- beschuldigt
- nährt Komplexe
- macht den Geliebten zur Droge
- fordert
- idealisiert
- geht faule Kompromisse ein
- dient als Ersatzmittel
- ist oft einseitig
- macht unglücklich
- macht Druck
- wertet den anderen auf und das Selbst ab

Wenn du dich auf dieser Liste wiedererkennst – macht dich das nun gleich zum Liebesjunkie? Bist du liebeskrank? Fehlt dir etwas? Bist du etwa gar nicht zu einer Liebesbeziehung fähig? Oder warum laufen deine Beziehungen immer auf eine Weise ab, die dich unglücklich macht? Triffst du immer die Falschen? Und wenn ja, wieso eigentlich? Sind die Männer an dem Elend schuld? Tatsache ist: Du bist mit dieser Art zu lieben nicht allein! Es ist ein weit verbreitetes Phänomen in unserer Gesellschaft, die romantische Liebe zur heiligen Kuh zu machen. Ich behaupte, eine stille Mehrheit (nicht nur Frauen!) ist auf die eine oder andere Weise liebesbedürftig bis liebessüchtig – allerdings ohne sich dessen bewusst zu sein.

"Die meisten von uns suchen nach einer Beziehung, die uns wie ein Schiff sicher durch die Meere des Getrenntseins und der Einsamkeit zu den wunderbaren Ufern der Liebe und des Glücks bringt. Da Scheidungsstatistiken zufolge ungefähr die Hälfte der Menschen, die die Reise gemeinsam antreten, das Schiff verlassen und die weit verbreiteten Witze über Beziehungen von Mann und Frau darauf schließen lassen, dass viele Menschen unglücklich verheiratet sind, kann es von hohem Nutzen sein, unsere Fähigkeit zu erhöhen, diese Reise erfolgreich durchzuführen. Fangen wir also ganz von vorne an."

Ken Keyes

Wir leben in einer Zeit, in der die meisten Beziehungen von kurzer Dauer sind und viele Ehen auseinanderbrechen. Aus Angst vor Einsamkeit und dem Verlust von Sicherheit harren viele aber auch ewig in ihrer unglücklichen Ehe aus. Welche Ehe ist schon glücklich? Auch das sind Anzeichen dafür, dass die meisten von uns leider nicht bedingungslose Liebe, sondern abhängige Liebe als Basis der Beziehung gewählt haben. Was heißt gewählt? Sie kennen keine wirkliche Alternative! Bedingungslose Liebe mutet da eher wie ein abgehobenes Fremdwort an. Wir lieben nicht abhängig oder bedingungslos, wir lieben einfach, so wie alle anderen – denken wir. Kunststück, denn so einfach ist das mit der wahren Liebe nun mal nicht.

Wir sind weder mit einer Gebrauchsanweisung auf die Welt gekommen, wie man liebt, noch hatten die meisten von uns Eltern, die uns eine solche Liebe vorgelebt oder gezeigt haben. Und wenn doch, haben wir diese Liebe vielleicht frühzeitig verloren und suchen jetzt in jedem potenziellen Partner unbewusst nach ihr. Woher also sollen wir das Talent zur bedingungslosen Liebe haben?

Doch zum Glück sind wir lernfähig, und die vielen Enttäuschungen und gescheiterten Beziehungen sind nicht einfach nur nutzlose Verletzungen gewesen, sondern wichtige Lektionen. Jede Beziehung trägt ein enormes Potenzial für die Entwicklung der Partner in sich. Ken Keyes, ein beeindruckender Erwecker in Sachen Liebe, sagt dazu: *"Bedingungslose Liebe bedeutet zu lernen, die Person und das Problem voneinander zu trennen. Lieben Sie die Person; arbeiten Sie an dem Problem."*

Voraussetzung dafür, wirklich zu lieben, ist vielen Denkern zufolge der aufrichtige Wunsch und die Fähigkeit, sich selbst zu lieben:

"Es stimmt, dass selbstsüchtige Menschen unfähig sind, andere zu lieben; sie sind jedoch genauso unfähig, sich selbst zu lieben."

Erich Fromm

Damit ist weder gemeint, dass wir uns narzisstisch in unser eigenes Spiegelbild verlieben, noch dass wir uns nur noch für uns selbst interessieren sollen. Denn diese ichbezogene Form von Liebe ist eng, beschränkt und entsteht aus der Angst, zu kurz zu kommen. Gemeint ist hier die Fähigkeit, sich von Herzen zu lieben und zu schätzen, statt sich verbal oder in Gedanken abzuwerten.

Es geht also um die Fähigkeit, sich und andere wertzuschätzen, ohne Bedingungen oder Forderungen zu stellen. Der gutgemeinte Rat manch' besorgter Freundin, die unseren immer neuen Liebeskummer beobachtet, ist jedoch nicht so einfach in die Tat umzusetzen: *Liebe dich selbst! Du musst dich nur lieben!"*

Danke für die Blumen! *"Nur"*! Wo zum Teufel lernt man das: sich lieben? Keine Schule bietet Kindern oder Jugendlichen bisher das Fach "Menschliche Beziehungen" an, und einen Selbsthilfekurs "Lieben leicht gemacht" haben die meisten von uns sicher auch noch nicht besucht. Mittlerweile haben "Liebeskummer-Studios" in Deutschland regen Zulauf – eine echte Marktlücke. Doch eine Anleitung, wie man sich liebt, bekommt man meistens erst dann, wenn das Kind in den Brunnen gefallen ist. Früher oder später wird wohl jeder gezwungen, kleine Schritte in Richtung Selbstachtung, Respekt und liebevollen Umgang mit sich selbst zu machen. Mit Sicherheit hat die Entwicklung dieser Fähigkeiten nichts mit einer unangenehmen Hausaufgabe zu tun, sie bedeutet vielmehr einen lebenslangen Prozess, durch den wir uns selbst immer besser kennenlernen. Ein Lernprozess, der eine Annäherung an den würdigsten Teil in uns verspricht: unseren Selbstwert.

So fürchterlich Liebeskummer auch ist, so bietet er doch immer auch die große Chance, damit anzufangen, sich selbst immer mehr zu lieben und zu schätzen. Dazu muss natürlich erst einmal die Flut der Tränen getrocknet und der Moment da sein, in dem du dich dazu entschließt, dein Leben verändern zu wollen.

"Die Liebe zu anderen und die Liebe zu uns selbst stellen keine Alternative dar; ganz im Gegenteil wird man bei allen, die fähig sind, andere zu lieben, beobachten können, dass sie auch sich selbst lieben."

Erich Fromm

23

Bei aller theoretischen Einsicht – eines ist klar: Es gibt ein Motiv, auf süchtige Art und Weise zu lieben. Wenn wir nichts davon hätten, würden wir es nicht tun. Eine Beziehung, die es uns erlaubt, "Feuer und Flamme" zu sein, hat – trotz oder gerade wegen ständiger Hindernisse, Kämpfe und der verzehrenden Sehnsucht nacheinander – eine erotische Anziehungskraft, für die wir einen hohen Preis zu zahlen bereit sind. Sie macht das Leben aufregend und gibt uns etwas, wofür es sich scheinbar zu kämpfen lohnt.

Im Gegensatz dazu mag bedingungslose Liebe für manchen auf den ersten Blick etwas von "Liebe light" oder einem alkoholfreien Getränk haben. Wer will das schon? Wir leben in einer Konsumgesellschaft und konsumieren Gefühle. Wir schwimmen mit dem Strom unserer Emotionen und machen nur dann Halt, wenn etwas schiefläuft und unser Boot zu sinken droht. Dass die vertraute Art, mit der Liebe umzugehen, nicht gerade Beziehungen hervorbringt, die von Erfolg gekrönt sind, wissen wir nicht nur aus eigenen Erfahrungen. Statistiken zeigen, dass jede zweite Ehe geschieden wird, Paare bereits nach zwei bis vier Jahren auseinandergehen, die Qualität der Beziehungen mehr als zu wünschen übrig lässt und es Singles wie Sand am Meer gibt. Höchste Zeit, sich zu fragen, was wir ändern können, um diese Entwicklung aufzuhalten. Nichts? Ist es einfach ein Phänomen unserer multimedialen Zeit, dass die Liebe so wenig Chancen hat? Sind einfach immer "die anderen" schuld und wir der Willkür Fortunas oder diverser Pechsträhnen hilflos ausgeliefert? Mitnichten!

Wir können das Drama unserer Lovestory umschreiben, wenn wir bei uns anfangen und uns auf den Weg machen, die Liebe in *uns* zu finden und zu aktivieren. Das ist nicht unbedingt eine Neuigkeit – das Thema *"Liebe dich selbst"* ist schließlich in aller Munde. Doch Hand auf's Herz! Wer von uns praktiziert diese Eigenliebe schon konsequent und macht konkrete Erfahrungen damit? Wer weiß schon, *wie* er die Theorie der Liebe zu sich selbst in die

Praxis umsetzen kann? Und wer macht sich überhaupt die Mühe, sich dieser Liebe bewusst zu widmen? Die wenigsten, behaupte ich, auch wenn es sicher immer mehr Menschen werden, die einsehen, dass sie mit ihren alten Strategien nicht weiterkommen, und so sehr darunter leiden, dass sie offener für das Thema Selbstliebe werden.

Da wir so sehr an unseren Gewohnheiten kleben und davon überzeugt sind, den Weg zur Wolke sieben bestens zu kennen, muss es schon sehr wehtun, bis wir bereit sind, unsere Verhaltensweisen einmal kritisch zu betrachten und etwas Neues kennenlernen zu wollen: die Liebe, die keine Machtspiele braucht, die uns ganz ohne Kämpfe begegnet und die uns jederzeit zur Verfügung steht. Unabhängig davon, ob wir ein passendes "Objekt der Begierde" vor uns haben oder nicht.

Alles für ein bisschen Liebe

Liebesabhängige machen fast alles für ein bisschen Liebe. Sie besteigen den Mount Everest, nur um ein wenig geliebt zu werden. Sie haben ein riesengroßes Bedürfnis nach zwischenmenschlicher Nähe. Nach Liebe hungernd kleben sie am Fliegenfänger und hoffen darauf, dass sich ihr Herzenspartner so verhält, wie sie es sich wünschen. Dass sie von ihm bekommen, was sie sich ersehnen: Sicherheit, Geborgenheit, Bestätigung, Zusammenhalt und eine enge Bindung. Legitime Bedürfnisse – leider an die falsche Adresse gerichtet, denn eine Vielzahl von – meist – Männern fühlt sich von diesen Erwartungen überrannt. Und obwohl dies so ist und Adam seiner Eva all das nicht gibt oder geben kann, bleibt sie ihm treu und nimmt es hin, am ausgestreckten Arm zu verhungern, selbst wenn sie dabei sehr unangenehme Begleiterscheinungen (im Extremfall Gewalt oder andere Gefahren) in Kauf nehmen muss. Was Vertröstungen angeht, so haben Frauen, die nach Liebe süchtig sind, einen langen Atem und entwickeln regelrechte Marathonqualitäten, sobald sie von Amors Pfeil getroffen wurden. Je mehr sie "aus Liebe leiden", desto realer erscheint ihnen ihr Traummann makabererweise zu sein.

Warum in aller Welt lassen sie das mit sich machen? Weil sie es schlicht nicht anders kennen! Und wohl auch deshalb, weil sie sich selbst nicht unbedingt die beste Freundin sind. Je größer die Herausforderung, umso mehr scheint die Liebe es vielen wert zu sein, einen steinigen Weg zu gehen. Ein weiterer Grund ist Angst. Liebessüchtige haben große Angst davor, allein zu sein oder verlassen zu werden. Sie fühlen sich von der Beziehung in hohem Maße abhängig und erleben sich nur mit einem Partner an ihrer Seite als vollständig. Der wichtigste Grund aber ist wohl: Sie sind von der Liebe in sich und der Liebe ohne Leiden so weit entfernt wie die Erde von der Sonne.

Menschen, die sich zu sehr auf einen Partner fixieren, gibt es in allen Formen und Farben. Vor allem Frauen neigen dazu, sich auf Liebe und Beziehung als Lebenselixier zu fixieren. Deshalb geht es in diesem Buch auch hauptsächlich um Frauen – obwohl es natürlich auch männliche Vertreter dieser Spezies gibt! Oft sind sie die heimliche Geliebte eines verheirateten Mannes, die sich mit einigen mehr oder weniger glücklichen, gestohlenen Stunden in einem Hotel abspeisen lässt. Genauso häufig haben sie es mit Alkoholikern zu tun, die eine intensive Beziehung zur Flasche, aber nicht mit ihnen haben. Auf jeden Fall verlieben sie sich ständig in Typen, die weniger Interesse an ihnen zeigen als umgekehrt. Manchmal sind es Kandidaten, die sehr weit weg wohnen und mit denen sie eine sehnsuchtsvolle Fernbeziehung leben; im schlimmsten Fall treffen sie auf eine Kombination aus all dem. Jedenfalls suchen sie sich immer wieder Männer aus, die ihnen garantiert nicht geben können, was sie sich wünschen! Diese erleben das Nähe- und Bindungsverlangen oft als einengend und wehren sich dagegen wie gegen eine ansteckende Krankheit – was das anklammernde, abhängige Verhalten der Ladys meist noch verstärkt.

Generell küren Liebessüchtige einen Kandidaten aus den folgenden Kategorien zu ihrem Traumprinzen:

- Männer, die sich rarmachen und sich "cool" geben.
- Männer, die extreme Phantasien auslösen.

- Männer, die von sich selbst sagen, beziehungsunfähig zu sein.
- Männer, die den Eindruck vermitteln, alles sei wichtiger als sie.
- Männer, von denen sie annehmen, dass sie sie glücklich machen könnten.
- Männer, die schlechte Erfahrungen mit der Liebe gemacht haben und offen sagen, dass sie sich auf nichts Festes einlassen wollen oder können.
- Männer, die bereits verheiratet oder gebunden sind.
- Männer, mit denen sie wenige, aber dafür sehr leidenschaftliche Stunden erleben.
- Männer, die höchstens im Bett Komplimente machen und sich ansonsten mit Aussagen zu Herzensangelegenheiten bedeckt halten – es sei denn, sie stehen unter Drogen. Höchstens dann kommt schon mal ein "Ich liebe dich" über ihre Lippen.
- Männer, die es schaffen, sie "hörig" zu machen!

Frauen, die sich solche Mannsbilder aussuchen, verkaufen sich unter ihrem Wert, stellen ihr Licht unter den Scheffel, machen sich klein, oft genug sehr wohl wissend, dass sie es tun. Das Dumme ist nur: Sie können es nicht lassen!

Woher um alles in der Welt kommt diese Faszination? Ist die Intensität einer heimlichen Beziehung das, was Mr. Bombastic so attraktiv macht? Gibt das Verbotene den Kick? Ist die "coole Unnahbarkeit" des eigentlich schwachen Mannes seine einzige Methode, als stark angesehen zu werden? Braucht sie die tiefe Verunsicherung, um sich an ihm wie in einem Wettkampf messen zu können? Braucht sie als Bestätigung ihres Wertes und ihrer Schönheit einen TÜV-Stempel von Mr. Supercool? Bedeuten Liebe und Leidenschaft für sie immer nur Leid, Unterwerfung und Erniedrigung? Braucht sie das Drama, um Liebe als intensiv und tief zu empfinden? Ist Hörigkeit das, was die Droge ausmacht?

Warum sollte man sich so etwas antun? Was hat man davon, sich so zu verhalten? Anfangs jedenfalls jede Menge Prickeln. Liebesabhängige werden zu Jägerinnen (die Mehrzahl ist weiblich, aber es gibt natürlich auch Jäger), und sie sind auf der Pirsch nach dem Abenteuer, nach dem großen Kick, nach dem Supermann, dem Richtigen, dem Mann der Männer, nach dem, mit dem endlich alles gut werden soll. Ihr Triumph besteht darin, den interessanten, unnahbaren Mann zu erobern, wenn auch nur zeitweise, geliehen, manchmal auch gestohlen. Dieser gottähnliche Typ soll sie aufwerten – doch das wird der Bursche nicht tun, ganz im Gegenteil.

Es ist schon paradox: Männer, die diesen Frauen problemlos geben könnten, wonach sie sich sehnen, interessieren sie nicht im Entferntesten!

Nehmen wir mal ein Beispiel – den Laktritzemann: Eine Frau verliebt sich in einen Mann, der ihr für das Wochenende "Lakritze" verspricht. Die ganze Woche über verzehrt sie sich nach ihrem "Lakritzemann", und zwar so sehr, dass ihr das Wasser im Mund zusammenläuft und sie an niemand anderen mehr denken kann. In völliger Hingabe zählt sie die Tage, bis es endlich so weit ist. Sie sagt Freunden, die sie sehen wollen, ab, um verfügbar zu sein. Leider wird dann aus dem Wochenende nur ein halber Samstag, der wie im Flug vergeht, denn der Lakritzemann hat plötzlich wichtige andere Termine. Kaum ist er durch die Tür, steht sie wieder am Start, hängt am Fliegenfänger und zählt die Stunden bis zum nächsten Wochenende.

Bis plötzlich ein Mann vorbeikommt, der das Drama beenden könnte: Er nimmt ihre Hand und legt liebevoll Lakritze in sie hinein. Er schließt ihre Hand mit den Worten: *"Hier, die kannst du jetzt jeden Tag haben, wenn du willst."* Völlig verstört schreckt die Frau zurück: *"Was bist du denn für einer? Was willst du denn von mir? Verzieh' dich!"*

Na? Kommt uns das irgendwie bekannt vor? Meistens haben beziehungssüchtige Frauen keinen Schimmer davon, dass sie ihre eigene Großartigkeit klein machen. Sie können sich selbst nicht wirklich wertschätzen. Dabei sind sie keineswegs hässliche Entlein, denen gar nichts anderes übrig bleibt, als anderen hinterherzulaufen. Im Gegenteil! Sie sind oft starke, attraktive und höchst intelligente Frauen, die jedoch ihre eigene Schönheit – sei es die innere oder die äußere – weder wahrnehmen noch schätzen können. Sie haben oft eine verzerrte Wahrnehmung von sich, halten sich für zu dick, zu hässlich, zu groß, zu alt, zu jung ... Selbstwertgefühl? Fehlanzeige!

Vanessa, heimliche Geliebte eines verheirateten Mannes: *"Wann auch immer ich ihn anrief, sprach er mit dieser Stimme, die andeutete, dass jemand anderes im Raum war. Er nannte mich dann 'Armin', 'Rainer' oder 'Klaus', und sein Standardsatz war: 'Du, ist gerade schlecht. Ich ruf dich später zurück, ja?' Und weg war er – ohne je zurückzurufen. Ich kann gar nicht sagen, wie erniedrigt ich mich dann fühlte. Wie ein Fußabtreter ... Verbal wurde ich von ihm tausendmal in den Kleiderschrank gesperrt. Und ich ließ es mit mir machen. Warum? Weil ich ihn trotz allem liebte und begehrte wie verrückt und hoffte, irgendwann würde er sein Verhalten ändern."*

Frauen wie Vanessa kennen nichts anderes als das, was sie für Liebe halten, und das ist: die Anbetung eines unerreichbaren Mannes, gefolgt von der Abwertung des eigenen Selbst! Das muss Liebe sein! Sie haben weder gelernt noch eine Ahnung davon, dass es sich bei dieser Art zu lieben gar nicht um Liebe handelt, sondern um intensive Abhängigkeit. Blind vor Gefühl lassen sie es "im Namen der Liebe" zu, dass andere mit ihnen umspringen können, wie es ihnen gerade passt – solange die Angebeteten ihnen immer wieder den Stoff liefern, nach dem sie sich so sehr verzehren: ein liebes Wort, ein Lichtblick, ein Kompliment, eine kleine

Anerkennung, eine durchliebte Nacht. So wird das Feuer der Leidenschaft, die nichts als Leiden schafft, weiter geschürt und die große Sehnsucht in klitzekleinen Dosen erfüllt – aber niemals wirklich.

Ihr Angebeteter gibt ihnen *eine Prise* Geborgenheit, *etwas* von dem Gefühl, geliebt zu werden, jede Menge heißen Sex und stapelweise Illusionen! Nur eines bekommen sie nicht: eine klare Zusage und Perspektive. Sie bekommen weder eine feste Bindung noch können sie eine gemeinsame Familie gründen, denn schon bei dem Wort "zusammenziehen" sträuben sich ihren Supermännern die Nackenhaare.

"Warum verliebe ich mich nur immer in die Falschen?", fragt sich so manche. *"Die Guten sind entweder besetzt oder besch ..."*, sagt sie sich resignierend. Die Kerle sind die Bösen – klarer Fall! In Wirklichkeit ist die Ursache in der Liebessüchtigen selbst zu finden, wie wir später noch sehen werden.

Anzeichen für liebessüchtiges Verhalten

- Bist du der Meinung, dass du eine Beziehung brauchst, um glücklich zu sein?
- Findest du, dass du in einer übergroßen Fixierung auf deinen Romeo gefangen bist?
- Gibst du deinem Traumtypen mehr Bedeutung als dir selbst und bist quasi besessen von ihm?
- Nährst du unrealistische Vorstellungen von der zu erwidernden Aufmerksamkeit deines jeweiligen Geliebten und vergehst in quälender Sehnsucht nach ihm?
- Liebst du ihn "abgöttisch" und stellst ihn auf ein Podest der Bewunderung?
- Gibt er dir deutlich weniger, als du dir von ihm erhoffst?
- Fragst du dich (und ihn) wieder und wieder, warum er dich nicht so sehr will wie du ihn?
- Erlebst du mit ihm, was du dir erträumst? Oder bleibt es meistens beim Traum?
- Musst du viele Konzessionen an deine eigentlichen Vorstellungen machen, um mit ihm zusammen zu sein?
- Ist das, was am besten zwischen euch funktioniert, Sex?
- Geht in dir durch seine Unnahbarkeit nach kurzer Zeit eine gefühlsmäßige Abwärtsspirale los, die dich regelmäßig nach unten zieht?

- Verlierst du deine Mitte und deine Stärke durch die Verbindung zu ihm?
- Hast du ständig das Bedürfnis, ihn beeindrucken zu wollen?
- Gibst du vor, unabhängiger von ihm zu sein, als du in Wahrheit bist?
- Falls ja, stehst du nicht zu deiner großen Faszination aus Angst, von ihm abgelehnt zu werden? Versuchst du deine Abhängigkeit vor ihm zu verbergen? Gelingt dir das nur kurzfristig, da sich alles nur noch um ihn dreht?
- Ein "Lakritze-Mann" interessiert dich nicht im Geringsten? Männer, die dir in irgendeiner Form nahe sein wollen, machen dir Angst und lösen Abneigung aus?
- Meldet er sich unregelmäßiger bei dir als du bei ihm?
- Männer, die klammern, verachtest du?
- Du kommst von einem Mann nur dann los, wenn du dich auf einen anderen fixieren kannst?
- Du versuchst, ihn mit all deiner Weiblichkeit zu verführen, aber er krümmt nicht mal den kleinen Finger, um dich 'rumzukriegen?
- Obwohl du selten von ihm hörst, was du dir wünschst, schaffst du es, dir alles "schönzuhören"?
- Zerbrichst du dir den Kopf über seine Probleme – und vergisst dabei deine eigenen?
- Machst du alles mit und passt dich ihm an, obwohl dein Stolz es dir "eigentlich" verbietet?

Falls "ja": Willkommen im Club der "Liebesanbeterinnen"!
Liebessucht macht sich bemerkbar durch eine nicht enden wollende Fixierung, die ganz harmlos anfängt: Als frisch Verliebte fühlt man sich einfach nur gut. Doch bald wird man immer bedürftiger, entfernt sich immer mehr von sich und der eigenen

Mitte und macht den Mann des Herzens zum Nonplusultra, zur Übermacht, Kraftquelle und Droge. Liebessucht breitet sich hemmungslos aus, gewinnt mehr und mehr Kontrolle und schwächt die Willensstärke: Sie denkt permanent an *ihn*. Er wird zur fixen Idee, und sie hat nur das eine Ziel: mit ihm zusammen zu sein, ihn zu berühren, zu hören und mit ihm sprechen zu können. Sie hofft auf viel mehr Nähe und Kontakt, als der auserwählte Hoffnungsträger ihr anbietet. Er ist ihr erster Gedanke, wenn sie morgens aufwacht, und ihr letzter, bevor sie einschläft.

Die sexuelle Anziehungskraft ist da und von ihrer Seite auch das Gefühl der Verbundenheit. Ob es ihm ähnlich ergeht, kann sie nicht einschätzen. Sein Verhalten lässt jedenfalls zu wünschen übrig, denn von ihm kommt ja nicht viel – was sehr an ihr und ihren Bedürfnissen nagt. Trotz des dicken, klar erkennbaren ABER – sei es, weil er sich distanziert verhält, er beziehungsgestört oder bereits vergeben ist –, wird der heiß begehrte Mann zum Dreh- und Angelpunkt ihres Lebens. Eine unbeschwerte Beziehung ohne Wenn und Aber kennt sie nicht, und sie scheint ihr auch irgendwie unbedeutend und langweilig zu sein.

Sie gesteht sich einfach zu wenig zu! Ihr Märchenprinz scheint durch das Hindernisrennen, das er auslöst, viel interessanter und aufregender zu sein, als er wahrscheinlich ist. Vielleicht ist er sogar stinklangweilig und sie idealisiert ihn nur. Zunehmend orientiert sie sich in ihrem Handeln am umschwärmten Mann, passt sich seinem Lebensrhythmus an und macht ihr gesamtes Selbstwertgefühl von seinen Reaktionen abhängig. Sie betreibt einen riesigen Aufwand, nur um einen Hauch von dem zu erhaschen, was sie vermeintlich glücklich macht! Warum? Weil sie sich selbst nicht aufwerten oder glücklich machen kann und glaubt, einen männlichen Part dafür zu benötigen. In ständiger Sehnsucht nach Anerkennung opfert sie alles für ihn, was bis zur völligen Selbstverleugnung gehen kann.

"Moment mal", wendest du jetzt vielleicht ein, *"ist es denn so verwerflich, sich von ganzem Herzen nach jemandem zu sehnen? Warum kommt man damit schon in die Schublade der Abhängigkeit? Wo bitteschön bleibt da die Romantik, der Sinn für wahre Leidenschaft? Die Tiefe der Sehnsucht spiegelt doch die Tiefe der Gefühle wider! Und die Leiden zeigen auf, wie ernst es uns ist! Es ist doch gleichzeitig auch das Schönste von der Welt, sich zum Verrücktwerden nach jemandem zu verzehren. Es ist eine Emotion, die knisternde Erotik auslöst, die das Leben erst richtig spannend macht!"*

Keine Frage: Wenn es dabei bleiben würde, wäre es wohl auch nichts anderes als eine Bereicherung deines Lebens. Doch leider führt die scheinbar harmlose Sehnsucht oft zu verzweifelter Besessenheit, die die Macht hat, Menschen in Depressionen und Gefühle tiefer Verlorenheit, Sinnlosigkeit und sogar vom Balkon zu stürzen. Von Romantik kann da nicht mehr die Rede sein.

Zudem nährt oft eine Sucht die andere. Liebessüchtige geraten häufig in Beziehungen mit Süchtigen, die sie retten wollen. Um ihn von seiner Spiel-, Arbeits- oder Drogensucht zu befreien, lassen sie nichts unversucht. Dabei sehen sie sich meist als Märtyrer. Nicht selten ketten sie ihr eigenes Schicksal an das eines anderen, möglichst eines Verlierers, mit dem sie sich identifizieren und an dessen Seite sie dann mit wehenden Fahnen untergehen können.

Sie selbst wiederum neigen nicht selten zu Essstörungen. Mit heruntergeschlungener Nahrung kompensieren sie fehlende Zuneigung und Wärme. Zucker dient als Ersatzbefriedigung, vermittelt einen kurzen Moment von Zufriedenheit, gefolgt von vernichtender Selbstkritik darüber, wieder schwach geworden zu sein. Läuft es in der Beziehung gut, nehmen auch die Symptome der Essstörung ab. Geht es mit der Beziehung bergab, geht es mit den Kilos rauf – oder auch drastisch runter.

Da er sich trotz all ihrer Liebesmüh' nicht wunschgemäß verhält, versucht sie, ihn immer weiter zu manipulieren, um ihn an das Bild anzupassen, das sie sich von ihm geschaffen hat. Und sie möchte auf eine bestimmte Weise und nicht anders geliebt werden! Ohne dass sie es bemerkt, beginnt sie immer mehr, auf süchtige Art und Weise zu fordern. Sie redet sich ein, ihn haben zu müssen, um glücklich zu sein. Sie beginnt, alles dafür zu tun, um dies zu erreichen, und hat panische Angst davor, ihn wieder zu verlieren. Das kann dazu führen, dass sie Mittel wie Spionage, Kontrolle und andere Strategien (z. B. offene und unterschwellige Schuldzuweisungen) einsetzt. Alles nur, um zu verhindern, dass sie von ihm verlassen wird. Und bereits da hört die Liebe auf, sofern bei diesem Übermaß an Fixierung überhaupt jemals Liebe im Spiel war, denn: Kontrolle und Zwang haben mit Liebe nichts zu tun! Das, was die Liebessüchtige als Liebe empfindet, ist nichts anderes als hartnäckige romantische Bedürftigkeit.

Helena: *"Ich brauche unbedingt Romantik in meinem Leben! Wo krieg ich sie allein nur her?"*

Ganz klar: Der Mann soll es richten! Und er sollte möglichst so und so sein, der Forderungskatalog an Wunscheigenschaften wird einem richtig und auch gerechtfertigt vorkommen.

Melody Beattie, Fachfrau in Sachen Liebesabhängigkeit, hat dazu Folgendes zu sagen: *"Liebesabhängige ärgern sich selbst krank über andere Menschen. Sie sagen ja, wenn sie nein meinen. Sie versuchen, anderen ihre Sicht aufzudrängen, sie verbiegen sich, um andere nicht zu verletzen, und tun sich selbst dabei weh. Sie haben Angst, ihren Gefühlen zu vertrauen, glauben Lügen und fühlen sich danach betrogen. Sie wollen selber ausgeglichen sein und verärgern andere."*

Es gibt viele Varianten, in denen sich süchtige Liebe zeigt. Schon die Gedanken 13-Jähriger kreisen 24 Stunden am Tag um den coolen süßen Typen auf dem Hochglanzposter. Sie hören ständig und auf Schritt und Tritt seine Songs, kopieren seinen Style, geben sich ihrer Traumwelt hin und fiebern dem Tag entgegen, an dem der Knabe endlich in ihre Stadt kommt. Davon konnte schon Udo Lindenberg ein Lied singen:

> "Ich saß immer in der ersten Reihe – und ich fand dich so erregend. – Du warst eine Göttin für mich – und manchmal sahst du mich an – und ich dachte: Mann, oh Mann ...
> Und dann war ich wieder völlig fertig ..."
> Cello, 1973

Über solch eine harmlose Teenieliebe ist die erwachsene Frau ja zum Glück erhaben. Nichts als süße, pubertäre Schwärmerei. Oder doch nicht? In dieser Zeit wird die Liebessucht bereits erlernt und die prägende Fixierung auf eine idealisierte Person mit wirklicher Liebe verwechselt.

Ist es denn nicht so, dass Erwachsene ähnlich mit der Liebe umgehen? Der begehrte Partner als Superstar! Der, durch den alles gut werden soll! Der, mit dem man mehr Zeit in seiner Fantasie als im realen Leben verbringt? Da er ja so ein toller Typ ist, ist er natürlich auch immer sehr beschäftigt und glänzt durch Abwesenheit. Nehmen wir zum Beispiel mal eine Telefonehe: Viele Frauen scheinen die innigste Beziehung nicht mit ihrem Partner, Freund oder Ehemann, sondern mit ihrem Handy oder PC zu haben. Denn die Stunden, die sie damit verbringen, angespannt nach einer Nachricht von ihrem Herzblatt zu dürsten, sind letztlich um ein Vielfaches mehr als die kümmerliche Zeit, die ihr Supermann tatsächlich für sie aufzubringen bereit ist. Und wenn er sich dann endlich einmal meldet, bleibt es meist bei ihren einseitigen Sehnsuchtsbeschwörungen am Telefon. Liebesbedürftige wollen nichts mehr als eine konkrete Ansage: ob, wie, wo und wie lange ein Treffen möglich ist. Oft werden sie vertröstet, belogen oder sogar einfach weggedrückt.

Vor allem die Geliebte eines verheirateten Mannes kann ein Lied davon singen - und nicht wenige verheiratete Frauen!

Susanne: *"Kein Tag vergeht ohne einen Mann in meinem Kopf! Was meinst du, wie es mir dabei geht? Anfangs war das ja noch ganz schön, aber jetzt? Schließlich sehe ich ja ganz genau, was ich da mit mir mache oder machen lasse. Ich verachte mich sogar dafür. Von wegen Selbstachtung und Selbstwertgefühl! Dabei bin ich doch eigentlich von meinem Wesen her sehr stolz! Trotzdem lasse ich es zu, dass mich jemand so geringschätzig behandelt!"*

Tja, warum tut Susanne das wohl? Obwohl sie doch genau sieht, dass sie ihren Stolz verletzt und sich herabsetzt? Weil sie sich auf diese Art und Weise mit einer intensiven Emotion beschäftigt, die ihr das Gefühl gibt, lebendig zu sein. Da ist jemand und etwas, für den es sich zu kämpfen lohnt - auch wenn es oft von Anfang an ein verlorener Kampf ist. Hohe Hochs gefolgt von tiefen Tiefs - Anbetung bis zum Zusammenbruch. Es muss intensiv sein - dann ist es Liebe!

Sandra: *"Willst du einem Kerl treu bleiben, von dessen Nachnamen du letztlich nur träumen wirst, weil er sein Leben bereits anders eingerichtet hat, da nicht raus kann und will und dir somit nie mehr als ein paar Stunden geben kann? Selbst wenn er sich von seiner Frau trennen würde, hätte er keine Zeit - für dich! Das ist so, und du weißt das."*

Einerseits wissen Liebesfixierte sehr genau, dass sie auf etwas konzentriert sind, was sich nicht wunschgemäß erfüllen wird. Doch andererseits bleibt da dieser Zipfel Hoffnung, den sie beim Schopfe packen und unermüdlich bearbeiten. Die Hoffnung, von ihrem Liebesobjekt endlich anerkannt, erkannt, als eine liebenswerte Person aufgewertet, geschätzt und entsprechend behandelt zu werden.

Besonders hart ist es, wenn Menschen, die auf mehr Zuneigung spekulieren, als sie vom anderen bekommen, schließlich sogar das Gegenteil erreichen und verlassen werden. Dann schwinden die winzigsten Hoffnungsschimmer endgültig und für immer. Wenn einer halben Person die fehlende Hälfte ganz abhandenkommt, kann das schwerwiegende Depressionen auslösen. So wie bei Anna: *"Als er mich verlassen hat, fiel ich in ein furchtbar tiefes Loch. Es war einfach nichts mehr da. Nur ich in meiner einsamen, dunklen Wohnung. Verlassen, verzweifelt, verwirrt. Ich hatte schreckliche Panikattacken, mir blieb zeitweise die Luft weg, ich fühlte mich leer und verloren. Es war wie ein Sturz ins Nichts, auf den ich nicht vorbereitet war. Ich hatte mir zwar eine Veränderung in meinem Leben gewünscht, doch nicht damit gerechnet, dass ich zunächst einmal in eine regelrechte Hölle abstürzen würde und mein bisheriges Leben quasi ausradiert wurde. Es war, als hätte jemand den Resetknopf gedrückt. Zurück auf null, auf Feld eins.*

Und selbst da lief ich ihm noch hinterher! Das Dümmste, was man machen kann, doch ich war so verzweifelt über seine Entscheidung, dass ich hoffte, er würde sie noch einmal überdenken. Ich flehte ihn regelrecht an, uns noch eine Chance zu geben. Vergebens. Ich fühlte mich schrecklich verlassen und von allem abgeschnitten. Ich steckte regelrecht in meiner Panik und der Sackgasse des Liebeskummers fest und wusste keinen Ausweg. Meine Einsamkeit und Verzweiflung wuchsen wie eine gewaltige Lawine. Ich verlor jede Lebenslust. Nichts bedeutete mir mehr etwas, nichts machte mir mehr Spaß. Mein Leiden und meine quälende Sehnsucht nach Hannes schienen kein Ende zu nehmen. Was ich auch tat, dieser Leidensdruck nahm mir die Luft zum Atmen. So intensiv hatte ich noch nie gelitten, und ich wusste nicht mehr weiter. Mir kamen sogar Selbstmordgedanken."

Hier zeigt sich, welch zerstörerische Kraft abhängige Liebe haben kann, und es wird klar, dass es ihr an jeglicher Grundlage für ein glückliches, eigenständiges Leben fehlt. So sehr, dass sogar erwogen werden mag, es zu beenden. Diese Existenz scheint ohne *ihn* keinen Sinn zu haben. *Er* hat das Leben lebenswert und lebendig erscheinen lassen. Durch *ihn* sah man die Welt in Regenbogenfarben. Wenn er geht, sind auch alle Farben wie vom Boden verschluckt, und alles ist trostlos und leer – so scheint es.

Mit anderen Worten, es ist nicht nur der quälende Liebeskummer, der Anna die Lust zum Leben nimmt, sondern ihre eigene Leere, die auch vor dem Erscheinen und Weggehen des anderen da war. Im Moment des Verlassenwerdens zeigt sich diese Leere deutlich.

Anna weiß nicht, womit sie sie "füllen" soll. Warum ist sie auf der Welt? Was ist ihr Lebenssinn? Was macht sie glücklich? Könnte sie diese Fragen nicht nur beantworten, sondern auch diesen Antworten gemäß leben, würde sich die Gefahr der Abhängigkeit gar nicht mehr stellen. Denn ist man vom eigenen Leben begeistert, hat man überhaupt keinen Grund mehr, sich in süchtiger Art und Weise von einem anderen Menschen abhängig zu machen. Man kommt gar nicht in die Versuchung!

Von daher hat jeder Mann in Annas Leben eine Ersatzfunktion. Jeder wird zum Lückenbüßer – selbst wenn sie sich einredet, dass sie einen besonderen Menschen in ihm sieht und liebt. Letztlich stehen ihre Bedürftigkeit und ihr großes Bedürfnis nach Erfüllung, Einheit und Sinn als Motivation dahinter.

Das Gefühl, einsam und verlassen zurückzubleiben, kann das Empfinden totaler Ohnmacht und Hilflosigkeit auslösen. Der Moment des Verlassenwerdens hat für Menschen, die sich zu sehr auf einen anderen fixieren, die Sprengkraft eines emotionalen Supergaus. Ihr Leben wird so sehr erschüttert, dass sie manchmal nicht mehr auf die Füße kommen. Doch wenn Liebe anfängt wehzutun, weil einer erkennbar mehr liebt als der andere, sollte man in Erwägung ziehen zu gehen. Sonst wird man "gegangen" – beziehungsweise verlassen.

Liebe hat etwas mit Verbundenheit zu tun – gegenseitiger Verbundenheit. Wenn nur einer der beiden Partner liebt, während der andere sich verweigert, ist großer Kummer vorprogrammiert. Damit meine ich keinesfalls, dass Liebesbeziehungen immer nur schön, freudvoll und ohne Probleme sind. Selbst in Seifenopern ist das nicht so. Ich will damit auch nicht sagen, dass du Hindernisse oder Herausforderungen vermeiden solltest – im Gegenteil, wenn du dich ihnen stellst, darin etwas über dich erkennst und daraus lernst, haben sie durchaus ihren Sinn. Es ist nur einfach so, dass es Beziehungen gibt, die von vornherein nichts anderes als Leid bringen. Sie haben eine starke Intensität (jedoch auf der dunklen Seite des Lebens), sind von Eifersucht, Dramen, sklavischer Abhängigkeit, Hinhalten, Abwertung, Unsicherheit, Druck und Ängsten geprägt. Wenn du solch eine Beziehung unbedingt erleben möchtest, bitte schön! Aus eigener Erfahrung weiß ich, dass diese intensiven Gefühle nichts mit Liebe zu tun haben, sondern mit Sehnsucht, Leiden, Masochismus, Leere und Traurigkeit. Sie können dich an den Rand der Verzweiflung bringen, an einen Punkt, an dem du an nichts mehr glauben und keine Freude mehr empfinden kannst.

Viele Menschen sind überzeugt, dass sie für die Liebe den Preis des Leidens zu zahlen haben und dass sie im Namen der Liebe alles mit sich machen lassen dürfen. Je tiefer die Liebe, desto intensiver das Leid. Selbst wenn dies bedeuten sollte, zutiefst zu leiden und keinen Zentimeter in seinem Leben voranzukommen, sondern sich immer mehr in Leid und Depressionen zu verstricken. Ich behaupte: Je tiefer die Liebe, umso weniger Leid entsteht! Mal abgesehen von der Tatsache, dass es uns allen gleichermaßen wehtut, Menschen, die wir sehr geliebt haben, eines Tages zu verlieren. Je mehr wir mit der Himmelsmacht Liebe eins sind, desto glücklicher ist unser Leben und desto mehr Liebe sind wir in der Lage, in unser tägliches Leben zu zaubern.

Der Kick als Lebenselixier

Verliebtheit ist mehr als ein intensives Gefühl der Zuneigung, das dich taumelnd vor Glück auf Wolken gehen und den Mond ansingen lässt: Es ist eine explosive Mischung aus Emotionen und biochemischen Abläufen im Körper! Diese vermögen temporär ein überschwängliches Hochgefühl in dir auszulösen, das Lebensfreude auf- und Hemmungen abbaut. Bist du verliebt, bewirkt dies die höchste Aktivität deiner Gehirnströme, biochemisch gesehen geht in deinem Körper die Post ab: Dein Gehirn schüttet Endorphine aus und beschenkt dich mit einem Rauschgefühl, das mindestens drei Monate anhält. Du fühlst den Kick, das kribbelnde Wohlbefinden, das dich erfüllt und das dich das kostbare Geschenk "Leben" plötzlich von ganzem Herzen genießen lässt. Dafür ist nicht viel notwendig: Du triffst eine bestimmte Person, es macht klick in deinem Hirn und der Verstand setzt aus. Adrenalin und euphorische Glückszustände, die dir dieser Liebescocktail aus verschiedenen Botenstoffen verschafft, rasen in deinen Adern um die Wette. Und natürlich willst du immer mehr davon.

Der gleiche Zustand der Euphorie stellt sich auch nach überstandenen Extremsituationen ein, etwa nach dem Bungeesprung. Du könntest dich also auch an einem Gummiseil kopfüber von einer Brücke stürzen, um einen ähnlichen Effekt bestimmter chemischer Abläufe in deinem Körper zu erzielen. Grund genug, sich zu fragen: Steckt die Sucht nach Liebe im Herzen? Oder in den Hormonen?

Sowohl als auch. In unserem Herzen deswegen, weil es, von alten Wunden und schlechten Erfahrungen geprägt, so schwer ist, dass es durch die Zuneigung eines anderen erleichtert, wenn nicht sogar erlöst werden möchte. Unsere Hormone weisen uns den Weg zu einem entsprechenden Liebesobjekt. Die Person, die es schafft, sie in Wallung zu bringen, ist die richtige – so scheint es. Der geeignete Auslöser für das Zubereiten des Lebenselixiers? Ja. Der richtige Mensch zum Heiraten? Das wohl weniger, denn er bringt nicht zwangsläufig die Qualitäten mit, die mit gegenseitiger Fürsorge, Trost, Geborgenheit, Verständnis, Sicherheit und Nähe zu tun haben.

Auslöser Sex

Oberflächlich mag es dir vielleicht manchmal so erscheinen, als ob dein Auserwählter dich benutzt und sich einfach nur mit dir vergnügen will. Allerdings benutzt du ihn nicht weniger – ja, du brauchst ihn als dein Lebenselixier. Mit ihm im Herzen fühlst du dich inspiriert, und dein Leben erscheint dir wieder aufregend. Du suchst genau wie er das Abenteuer, und du möchtest ein Leben wie im Film führen – voller Feuer, Erotik, Leidenschaft und wundervoller Momente. Und *er* soll es richten. Dafür ist er ja schließlich da.

"Die Anziehung zwischen zwei Menschen, die fähig sind, eine gesunde, auf echter Kommunikation beruhende Beziehung einzugehen, mag stark und erregend sein, aber sie ist nie so unwiderstehlich wie die Anziehung zwischen einer Frau, die zu sehr liebt, und dem Mann, mit dem sie tanzen kann."

Robin Norwood

Mit "tanzen" ist hier das Hin und Her der Gefühle, der Wechsel von lichten und dunklen Momenten gemeint. Dieses "Haschmich-Spiel" ist so aufregend, dass es vielfach zu sexueller Hörigkeit führen kann.

Yvonne: *"Ich war dermaßen besessen von Michael, dass ich ihm zu jeder Zeit zur Verfügung stand. Manchmal rief er mitten in der Nacht an und verlangte: ,Schatz, komm jetzt sofort zu mir!' Wie hypnotisiert sprang ich aus dem Bett, zog meine Strapse an und rannte in die Nacht hinein! Er brauchte nur aufs Knöpfchen zu drücken, und ich war für ihn da! Ich hatte dabei nicht das Gefühl, meinen Stolz wahren zu müssen – denn dafür war ich viel zu erregt!"*

Eigentlich müsste es ja heißen: *"Sex makes the world go round"*, denn darum dreht sich anscheinend alles. Nur: Muss es denn immer Sado-Maso sein, damit frau auf ihre Kosten kommt? Das ist Geschmackssache.

Willst du ernsthaft auch außerhalb des Bettes mit einem Bestimmer zusammen sein? Ein Pfiff und du stehst am Start? Wie viel bist du dir wert, wenn du dich auf diese Weise behandeln lässt? Möchtest du nicht einmal ein Miteinander erleben? Du sagst jetzt mit Sicherheit: "Doch! Natürlich will ich das!" Und warum suchst du dir dann Männer aus, die nicht im Entferntesten Qualitäten an den Tag legen, mit denen sie punkten könnten? Weil sie eben andere Merkmale haben, die eine so große Faszination auf dich ausüben, dass du deine guten Vorsätze beim leisesten Kontakt mit ihnen über den Haufen wirfst.

Ein Mann, dem du hörig bist, scheint jedenfalls die Macht zu besitzen, die Furie in dir zum Leben zu erwecken. *Du* gibst ihm diese Macht über dich, denn du willst sexuell hemmungslos und leidenschaftlich sein und ihm beweisen, welch phantastische Geliebte in dir steckt. Du bist eine Meisterin der totalen Hingabe –

allerdings mit einem Auge auf seine Reaktion schielend, um herauszufinden, wie sehr er dich für deinen erotischen Einsatz begehrt. Die sexuelle Leidenschaft zwischen euch schafft eine Bindung, die süchtig macht. Die Ungewissheit, wie es mit euch weitergeht, lässt die Spannung und Erregung steigen, und das Spiel Spannung-Entspannung, das Auf und Ab, das Hin und Her wird zum Zentrum eurer Verbindung. Nichts eignet sich besser als Szenerie für Verführungen als verbotene, heimliche Orte: Liebe im Auto, im Aufzug, im Kino, im Schwimmbad, in Absteigen oder im Freien. Wie bei "Tiere suchen ein Zuhause" wissen die Heimatlosen nicht, wohin mit ihrer Leidenschaft, und die Suche nach dem "Bett im Kornfeld" mutet da höchst spannend an. Alltag, Routine oder das langweilige Schlafzimmer der betrogenen Ehefrau können da natürlich nicht mithalten.

Heißer Sex = Liebe?

Sabrina: *"Auf der einen Seite wird er zum wilden Tier, wenn er meine totale Hingabe spürt, und begehrt mich auf eine Weise, die ich selten erlebt habe. Auf der anderen Seite behauptet er, mich nicht lieben zu können! Wie bitteschön passt das zusammen?"*

Warum umständlich, wenn es auch kompliziert geht? Männer können bekannterweise Sex und Gefühl voneinander trennen wie zwei verschiedene Paar Schuhe. Frauen haben diese "Fähigkeit" eher selten. Gefühl und Körperlichkeit sind für sie meist verbunden. Sie halten Sex für Liebe, sowohl was ihre eigene Gefühlswelt als auch was die ihres Partners angeht.

"Die sexuelle Anziehung erzeugt für den Augenblick die Illusion der Einheit, aber ohne Liebe lässt diese 'Vereinigung' Fremde einander ebenso fremd bleiben, wie sie es vorher waren."

Erich Fromm

Die Einheit zwischen zwei Liebenden kann durch Sexualität zu einem Gefühl von Auflösung im Miteinander führen. Voraussetzung dafür ist, dass sich beide gleichermaßen lieben – und nicht nur begehren. Und das ist eben längst nicht immer so. Das geschieht zwischen Paaren, die das Fest der Liebe tatsächlich mit allen Sinnen – und nicht nur mit den körperlichen – zelebrieren.

Seltsamerweise sind es ausgerechnet Frauen, die sich, sobald sie länger in einer festen Beziehung leben, häufig als Sexmuffel entpuppen. Meist einfach deshalb, weil es nichts mehr zu erkämpfen gibt. Zwar ist Sex ohne Liebe für sie nicht möglich, doch wo bitte bleiben die großen Gefühle, wenn endlich ernst gemacht wird? Besonders bei Liebenden, die lange nicht zusammen sein konnten, sei es wegen räumlicher Distanz oder einer bereits bestehenden Bindung, kommt es über kurz oder lang zur sexuellen Flaute, wenn die Schwierigkeiten aus dem Weg geräumt sind. Nicht nur diese verschwinden – der Kitzel auch.

Wie kann das sein? Holt diese Paare der Alltag schneller ein als andere? Gerade noch scheint sie die Göttin der Liebe und der Fleisch gewordene Traum eines jeden Mannes zu sein, doch sobald es zu einer festen Beziehung kommt, verwandelt sie sich allmählich in ein distanziertes Mauerblümchen. Wie passt das zusammen? Das liegt sicher nicht nur daran, dass sich mancher Lover im Bett ziemlich talentfrei gebärdet, was die Bedürfnisse seiner Partnerin angeht, oder an der wohlbekannten Tatsache, dass Verliebtheit kein Dauerzustand ist.

Grund für die überraschende Lustlosigkeit einer doch eigentlich liebeshungrigen Frau ist, dass ein Mann, an dem es nichts mehr zu erobern oder zu kurieren gibt, keine Projektionsfläche mehr bietet. Die quälende Ungewissheit, die zwar einerseits schmerzhaft war, andererseits aber heftiges Herzklopfen auszulösen vermochte, ist weg, und das Wechselbad der Gefühle ist lauwarm geworden. Solange die Beziehung noch unklar war und diverse innere und äußere Hindernisse den Weg in die traute Zweisamkeit verbauten, loderte auch die Flamme der Leidenschaft besonders stark. Durch seine Unnahbarkeit stieg der verheißungsvolle Knabe zu einem Superhelden auf, der sexuelle Phantasien und unbefriedigte Bedürfnisse auslöste. Wenn aber die trennenden Schwierigkeiten beseitigt sind, echte Nähe und der Alltag einer festen Beziehung sich breitmachen, verglimmt das einstige Feuer relativ schnell und der Ofen ist aus. Woran liegt das?

Haben wollen, was man nicht haben kann? Nichts macht uns mehr an!

Der Reiz des Unnahbaren, ein Partner, der nicht einfach zur Verfügung steht, sondern nur durch Überwinden von Herausforderungen geliebt werden kann – das macht an! Und nicht nur den Mann! In puncto Sex ist die erotische Anziehungskraft eines unnahbaren Mannes, der es durch geheimnisvolles Flirten schafft, Frauen in seinen Bann zu ziehen, viel stärker als bei einem "Schlappschwanz", den frau einfach so haben könnte. Männer sind Jäger, und Frauen wollen erlegt werden – und umgekehrt! Jungs und Mädels sind heiß aufeinander und hintereinander her. Das ist seit ewigen Zeiten dasselbe aufregende Spiel – auch im dritten Jahrtausend! Das Unmögliche möglich machen zu wollen, spornt an. Zumindest ist das eine weit verbreitete Neigung, die irgendwie in unserer Natur zu liegen scheint – ansonsten gäbe es ja auch kein sexuelles Begehren und das Leben wäre ganz schön fad.

"Unnahbar" heißt in diesem Sinne also auch heiß, gefährlich, geheimnisvoll und unwiderstehlich. Frauen lieben den Reiz, den ein unnahbarer Mann auf sie ausübt. Oder warum sonst gilt der Ex-Dauer-Single George Clooney als einer der *"Sexiest Men Alive"*? Weil er einen gottähnlichen Status hat – als Star, als äußerst attraktiver Mann und lange auch als unnahbarer Partner!

Sind nun alle Clooney-Fans liebessüchtig? Nur weil sie in wundervollen Phantasien von ihm schwelgen? Was ist gegen romantische

Träumereien einzuwenden? Wenn es bei harmlosen Fantasien bleiben würde, könnten wir uns das Gerede von Sucht sparen. Das Problem sind die unheilvollen Nebenwirkungen, die die anfänglichen Fantasien vom Traummann auslösen können. Mit anderen Worten: Es kann sein, dass du einfach viel Staub um nichts aufwirbelst und es sich bei deinem Traummann gar nicht um eine Wirklichkeit, sondern um deine Projektionen und Idealisierungen handelt – mit freundlicher Unterstützung deines "hormonellen Chemielabors" und deiner unteren Etage.

Wie sich die Liebessuchtspirale dreht

Was passiert, wenn eine Frau, die dazu neigt, sich auf einen Mann zu fixieren, sich in ihn verliebt?

Phase 1
Der Himmel scheint voller Geigen zu hängen und sie erlebt eine berauschende Verliebtheitseuphorie, die in der Regel drei glückliche Monate andauert. Sie ist der Meinung, endlich den Richtigen gefunden zu haben. Mit ihm soll sich alles ändern! Bis hierher unterscheidet sich diese Phase nicht von der anderer Verliebter.

Phase 2
Im Bett läuft es großartig. Ihre Fixierung setzt ein: Sie sucht nach immer mehr Nähe und Kontakt und bedrängt ihren Schwarm. Nach wenigen Wochen hat sie bereits das Bedürfnis, ihn fester an sich binden zu wollen, sei es durch Kinder, Heirat oder wenigstens einen mündlichen Vertrag zur Dauerleidenschaft.

Phase 3
Der erste Frust nach der Verliebtheitsphase entsteht, weil *er* erheblich weniger Einsatz und Interesse zeigt als sie. Sie bedrängt ihn mit suchtartigen Forderungen und Erwartungen, mit Klammern und dem wachsenden Bedürfnis, ihn ständig sehen zu wollen. Gleichzeitig schleicht sich der Verlust eigener Interessen ein.

Nichts und niemand ist ihr wichtiger als *er*. Der vermeintliche Partner bekommt langsam, aber sicher kalte Füße.

Phase 4

Antriebslosigkeit und leichte Depression – nur *er* zählt. Der Prinz zieht sich allerdings immer mehr zurück und meldet sich nur noch selten.

Endloses Warten und Hoffen darauf, dass er sich ändert und Gefühl zeigt.

Wachsendes Misstrauen, was seine Gefühle angeht. Sie empfindet Unsicherheit und beginnt, sich und ihren Körper infrage zu stellen, hat das starke Bedürfnis, ihm nachzuspionieren, ihn zu kontrollieren und zu manipulieren.

Phase 5

Kontrolle und Manipulation ihrerseits werden stärker.

Ihm wird's zu bunt, und er wird immer unnahbarer. Sie reagiert verärgert und verständnislos. Sie hegt immer mehr negative Gedanken über ihn und teilt ihm diese nach und nach mit.

Innere und teilweise verbale Verurteilung seiner Distanz.

Phase 6

Anklagen, Kritik und Aggression ihrerseits.

Das eigene Leben erscheint jetzt langweilig, trist und bedeutungslos.

Große Erwartungshaltung ohne Resonanz seinerseits.

Der Partner zieht sich zurück oder beendet die Beziehung.

Phase 7

Eindruck von Wiederholung: Er verhält sich genauso wie schon die Männer vor ihm.

Versuche, ihn zurückzugewinnen: Gelingen sie, geht die Spirale von vorne los, gelingen sie nicht, empfindet sie Traurigkeit, Entsetzen, Leere, Verlassenheitsgefühle und Panikattacken, die bis zu Selbstmordgedanken oder sogar Selbstmordversuchen führen können.

Damit die Liebesspirale in Gang kommt, reicht meist schon eine gemeinsame Nacht. Nach Zuneigung und Wärme suchende Frauen geben sich schnell sexuellen Abenteuern und ungewollten One-Night-Stands hin in der Hoffnung, durch ihre Körperlichkeit von ihrem Auserwählten anerkannt, "erkannt" und geliebt zu werden. Die Bindung, die durch eine durchliebte Nacht entsteht, ist für sie bereits Anlass zur Zukunftsplanung – für die Männer eher ein Anlass zur Flucht!

Wenn die Ladys mit verkatertem Schädel und einem "... und Tschüss!"-Gekritzel neben dem Kopfkissen aufwachen, haben sie die grausame Gewissheit, dass die ersehnte Schulter zum Anlehnen sich bereits wieder in weiter Ferne befindet und kein Sex der Welt sie halten kann. Eine gute Gelegenheit, um sich selbst kritisch zu beäugen und von Kopf bis Fuß infrage zu stellen! War es die lästige Celluitis am Po, die den Beau vertrieben hat? Oder die Tatsache, dass ihr Look im Tageslicht nicht halten kann, was er nachts noch versprach? Klare Sache: Sie ist nicht gut genug, nicht schön genug, nicht sexy genug – und der Kerl hat's gemerkt!

Statt ihr Verhalten zu beleuchten, spulen die Unglücklichen vernichtende Selbstkritik ab, mit der sie ihren Selbstwert herabsetzen. Liebessüchtige Frauen sind selten graue Mäuse, und doch haben sie oft erhebliche und unbegründete Komplexe und Unsicherheiten. Sie machen die Diät der Diäten, weil *er* Frauen erst mit 52 Kilo lieben kann. Sie lassen sich die Brust operieren, nur weil er mehr zum Kuscheln braucht, als in eine Hand passt. Sie färben ihre Haare jeden Monat um, weil er nicht klargemacht hat, ob er mehr auf Blonde oder Brünette steht. Es scheint, dass sie auf dieser Welt sind, um so zu sein, wie andere sie gerne hätten. Deutet er an, sie sei ihm irgendwie zu dick, dann wird man selbst eine coole Geschäftsfrau heulend auf dem Damenklo antreffen. Was auch immer *er* will – *sie* versucht, es *ihm* recht zu machen.

Auf all die schönheitsverstärkenden Maßnahmen folgt nur selten Anerkennung, und der Kerl schweigt sich zum Thema Nähe und Verbindlichkeit hartnäckig aus. Also klammert frau weiter, gibt sich Mühe, mal so, mal so und vor allem *so* zu sein. Ohne Erfolg. Statt der ersehnten Zweisamkeit zeigt sich immer wieder aufs Neue, dass der Besetzer ihres Herzens sich zurückzieht, wenn aus seiner Sicht zu viel gefordert oder erwartet wird. Da nutzen auch der beste Sex und die aktuellste Schönheitsoperation nichts. Der Typ macht nicht, was er soll! Dabei würde ihr ein Anruf oder eine kleine Zeile bereits genügen. Nix da. Wonderboy scheint das Interesse verloren zu haben, oder er ist wohl einfach zu schüchtern, zu verklemmt, zu ... was auch immer, um ihren Erwartungen gemäß zu agieren.

Also versuchen Liebestolle, sich zeitweise interessant zu machen, indem sie mit dem Klammern aufhören. Da sie sich aber nicht lange zurückhalten können – der Reiz, ihn zu sehen, von ihm zu hören oder auch nur *eine* SMS zu bekommen, ist zu stark –, bombardieren sie ihn schnell wieder mit Liebeserklärungen, Komplimenten und angedeuteten oder ausgesprochenen Erwartungen. Das Drama setzt sich fort.

Hilfe, die Prinzessin ist eine Kröte!

Der verunsicherte Mann

In einer Zeit, in der sich die meisten Frauen nach mehr oder weniger erfolgreicher Emanzipation zu selbstständigen Alleskönnerinnen herausgeputzt haben – sprich: in vielen Fällen Mutter, Karrierefrau, Hausfrau und Vamp in einer Person sind –, scheinen viele Männer irgendwie auf der Strecke geblieben zu sein. Sie sind ziemlich verunsichert, was ihre Rolle als Mann angeht. Sie dürfen keine Machos sein, Softies erst recht nicht, sollen dennoch den Kavalier spielen, sind aber nicht als Cary Grants auf die Welt gekommen und fühlen sich in der Rolle des Gentleman nicht zeitgerecht besetzt. Was denn nun? Wie soll mann sich verhalten, um den Anforderungen Evas gerecht zu werden? Wie kann ein Mann ein Mann sein, ohne sich zu verbiegen?

Nicht wenige retten sich in unverbindliche Unnahbarkeit, weil diese zum einen interessant macht und das andere Geschlecht anlockt und weil sie zum anderen eine willkommene Schutzvorkehrung bietet, um eigene Unsicherheiten zu verdecken. So treffen die nach Romantik und großen Gefühlen lechzenden Damen den coolen Künstler, den verkorksten Intellektuellen, den beziehungsgestörten Börsenmakler, den verheirateten Familienvater, den ewigen Junggesellen oder den karriereorientierten Werbedesigner an – allesamt aus der Kategorie "unreife Blödmänner"! So lautet jedenfalls ihr resigniertes Urteil nach den fehlgeschlagenen oder enttäuschenden Kontaktversuchen mit Mr. Unbekannt – der doch so männlich werbend erschien und sich so schnell als gefühlloser Eisklotz entpuppte. Reiner Selbstschutz, wie sich noch herausstellen wird.

Sicherlich gibt es eine Menge charakterlich fragwürdige Typen, die nur "das Eine" wollen und sich abgebrüht eine "Perle" angeln, mit der sie einen One-Night-Stand durchziehen, um sie danach abzuservieren. Für sie sind Frauen, die schnell zur Sache kommen – weil sie glauben, durch Sex einen Partner binden zu können –, ein leichtes Opfer, das sie ohne Skrupel für ihre Zwecke ausnutzen. Ich mag jedoch keine pauschalen Schuldzuweisungen und glaube auch nicht, dass die nach Nähe schmachtenden Mädels naive Opfer ausgekochter Schufte sind, die von ihrer "unteren Etage" ferngesteuert durchs Leben ziehen. Schließlich wissen wir ja, was wir tun ...

Mal von den charakterlichen Qualitäten unserer männlichen Partner abgesehen: Fakt ist, dass die meisten Männer nicht unbedingt ihr Herz auf der Zunge tragen, sondern lieber den Weg des geringsten Widerstandes gehen und ihre wahren Beweggründe gern hinter Notlügen, Verallgemeinerungen und Andeutungen verschanzen. Daher geben sie der zuneigungshungrigen Frau nur wenige bis gar keine Hinweise darauf, dass sie sich zu sehr bedrängt oder verunsichert fühlen. Verunsichert zum einen, weil sie nicht genau wissen, was von ihnen erwartet wird, und zum anderen, weil sie die attraktive Perle, die ihnen jetzt immer näher auf die Pelle rückt, nicht einordnen können. Mal gibt sie sich stark und geheimnisvoll, dann wieder – meistens schon nach dem ersten Sex – bedürftig, schwach, anhänglich und unsicher. Was steckt dahinter? Ist sie das Superweib oder die Superzicke? Dann erinnert sich "Brad Pitt wider Willen" plötzlich daran, dass auch die Kandidatin vom Vormonat nach dem Sprung in die Kiste in sofortige Belagerungshaltung

54

überging. Spätestens jetzt fliegt ihre Tarnung auf, und er beginnt entsetzt zu erkennen: Hilfe! Die Prinzessin ist eine Kröte!

Wagt er sich nämlich in die Nähe einer Frau, die er attraktiv und interessant findet und von deren Ausstrahlung eine gewisse Eigenständigkeit und Selbstsicherheit ausgeht, muss er bereits beim ersten Kuss oder in der ersten gemeinsamen Nacht feststellen: Die Auserwählte verwandelt sich schlagartig in ein Wesen, das ganz und gar nichts Märchenhaftes an sich hat. Und das liegt nicht etwa daran, dass sie morgens nicht so attraktiv erscheint wie vielleicht noch zuvor in der schummrigen Kneipe oder durch ein Zuviel an Alkohol. Nein, Äußerlichkeiten sind nicht unbedingt der Schock, der mann Reißaus nehmen lässt. Was ihn abtörnt ist, dass sie sich sofort auf ihn stürzt, als gelte es, ihn für alle Zeiten festzunageln. Ihre unterschwelligen oder ausgesprochenen Erwartungen verwandeln frau von jetzt auf gleich in ein anhängliches, grässliches, hungriges und vor allem forderndes Beziehungsmonster. Von "cooler Braut" keine Spur! So empfinden es jedenfalls viele Männer, wenn sie die heimlichen Projektionen, Idealisierungen und Erwartungen der Ladys nach dem ersten körperlichen Kontakt spüren.

Schluss mit lustig! Es tut weh, nach einer innigen und leidenschaftlichen Nacht von der Bettkante geschubst zu werden. Zurückweisungen ohne jegliche Erklärung verletzen und verunsichern zutiefst, und es ist seitens der Männer nicht gerade die feine englische Art, kommentarlos abzutauchen. Doch Tränen und Hinterherlaufen holen keinen Mann der Welt zurück. Erst recht nicht einen von der Sorte, die keine größere Angst als die vor Nähe kennt und nicht versteht, was du so Großartiges in ihm vermutest.

Der Schein trügt, denn so wunderbar, wie du Mr. Unnahbar findest, sieht er sich selbst nicht. Im Gegenteil: Wahrscheinlich ist er genau wie du auf der Suche nach der Superfee, die ihn zu verzaubern vermag. Elfenwesen klammern nicht und engen nicht ein. Sie sind selbstbewusst und "zauberhaft", eroberungswürdig und undurchschaubar. Auch Männer wollen sich nach jemandem sehnen und nicht nur als Projektionsfläche dienen. Nichts vertreibt sie also mehr als deine sehnsüchtige Erwartung vom Paradies. Dein "Retter" weiß selbst nicht, wo es langgeht. Er eignet sich daher nicht im Geringsten als "Guide in die Glückseligkeit".

Es wird Zeit, innezuhalten und dich daran zu erinnern, wer du wirklich bist und wie du dich tatsächlich beim Anbandeln mit dem anderen (oder dem gleichen) Geschlecht gibst.

Wer bist du? Mit Sicherheit keine Kröte – aber auch keine Prinzessin, die perfekt sein muss. Du bist ein weibliches Wesen mit Licht- und Schattenseiten, und je eher du herausfindest, wie du tickst, desto größer sind deine Chancen, unglücklich machende Verhaltensweisen zu verändern.

Der Hase und der Igel

Und *er*, der Angebetete? Warum macht er die Fliege, wenn er Lunte riecht? Entweder du bist ihm zu schwach, obwohl du doch so stark erschienst, oder aber du bist so stark, dass du ihn überforderst. Na, danke. Da haben wir es wieder: Die Männer von heute taugen nichts mehr!

Mag sein, dass er sich dir oder deinen Erwartungen tatsächlich nicht gewachsen fühlt. Dann hat er sicher nicht deine Kragenweite, und du solltest die Finger von ihm lassen – wenn du kannst. Es kann aber auch einfach so sein, dass du für seinen Geschmack zu viel Gas gibst und er sich von dir überfahren fühlt. Du nimmst ihm schlicht und ergreifend seine Rolle ab. Du kommst ihm immer zuvor.

Womöglich warst sogar du diejenige, die ihn in der Disco (oder wo auch immer) angesprochen hat, und dann bist du auch noch die Erste, die eine ungeduldige SMS verschickt oder anruft. Während er sich vielleicht noch mit der Formulierung der ersten Nachricht an dich abmüht, sind auf seinem Handy bereits fünf ungeduldige von dir eingetroffen.

Lass *ihn* doch mal machen! Er will schließlich auch mal dazu kommen, sich als männlicher Verehrer zu geben. Wenn du nach dem zweiten Date bereits gedanklich bei der Familienplanung bist, was gibt es dann für ihn noch zu erobern?

Das hat schon eine Menge von der Geschichte vom Hasen und dem Igel. So schnell der Hase auch läuft: Der Igel ist immer bereits vor ihm da, obwohl der Hase doch die schnelleren Beine hat. Er kann sich anstrengen, wie er will, mit dem Tempo des Igels kann er nicht mithalten. Dabei ist der Igel doch von Natur aus ein eher langsames Tier, und frau sollte gefälligst auch diejenige sein, die auf sich warten lässt. Kann sie sich nicht ein Mal souverän und leicht distanziert verhalten, damit der Tiger im Mann aktiv werden kann? Nix da. Die flotte Spielverderberin ruft per SMS, Mail oder Telefon: "Ich bin schon da!" Und der perplexe, verunsicherte Mann hat das Nachsehen. Einerseits will er eine "moderne Frau", andererseits ist er mit ihrer Schnelligkeit und der dahinter vermuteten Bedürftigkeit mehr als überfordert. Was genau soll er tun? Was erwartet sie von ihm, und wofür hält sie ihn eigentlich? Jedenfalls tragen die Ladys mit ihrem Verhalten ihren Teil zu der Tatsache bei, dass die meisten Gentlemen ausgestorben sind.

Und – auch interessant: Schafft es eine Liebeshungrige mal, ein solch rares Exemplar aus der Steinzeit an Land zu ziehen, ist es entweder verheiratet oder irgendetwas stimmt nicht mit ihm. Mit Sicherheit gibt es auch liebestolle Männer, die sich nach nur zwei Wochen mit Wonderwoman zu einem Heiratsantrag hinreißen lassen. Dann wiederum ergreift oft die Braut die Flucht, und der Liebesbedürftige schaut dumm aus der Wäsche. "Dann doch lieber verlassen, als verlassen zu werden", sagt sich der verletzte Ritter und nimmt sich vor, das nächste Mal "cooler" zu sein.

Das zum Thema beziehungsfixierte Männer, die es natürlich auch gibt! Sie tarnen sich nur anders. Goethe hat der Liebessucht ein ganzes Werk gewidmet. Sein autobiographisch geprägter

Briefroman *Die Leiden des jungen Werther*, in dem sich der liebeskranke Held zum Schluss das Leben nimmt, löste damals im ganzen Land eine Selbstmordwelle verzweifelter Liebessüchtiger aus. Der Dichter selbst schien dieselben Tendenzen zu haben, denn er verfiel noch im Alter von 74 Jahren dem Liebreiz einer 19-Jährigen. Im *Werther* verarbeitete er seine unglückliche Liebe zu der bereits verlobten Charlotte, die ihm den Verstand raubte und eine unwiderstehliche Anziehung auf ihn ausübte:

"Umsonst strecke ich meine Arme nach ihr aus, morgens, wenn ich von schweren Träumen aufdämmere, vergebens suche ich nachts in meinem Bette, wenn mich ein glücklicher, unschuldiger Traum getäuscht hat, als säß' ich neben ihr auf der Wiese und hielt' ihre Hand und deckte sie mit tausend Küssen.

Ach, wenn ich dann noch halb im Taumel des Schlafes nach ihr tappe und drüber mich ermuntere – ein Strom von Tränen bricht aus meinem gepressten Herzen, und ich weine trostlos einer finstern Zukunft entgegen."

Als Dauergast im Wartesaal

Darf's auch ein bisschen mehr sein?

Eine Frau, die auf "ungesunde Weise liebt", verbringt circa 80 Prozent ihrer Zeit mit Einsamkeit statt *Zweisamkeit*. Sie ist auch gemeinsam einsam, denn die ersehnte Verbindlichkeit bleibt Wunschdenken. Irgendwie wartet sie immer: auf *ihn*! Darauf, dass er sich ihr widmet, sein Herz öffnet, sich seiner Gefühle gewahr wird und sich dazu bekennt. Oder sie hofft darauf, dass er zu ihr kommt, seine Frau verlässt, ihr endlich einen Heiratsantrag macht – oder einfach auf den Moment, in dem er ihr tatsächlich nah ist, denn selbst wenn er körperlich neben ihr sitzt, scheint er meist meilenweit weg zu sein. Sie ist gefangen im ewigen Hoffen auf die Änderung der Umstände und dem Verschieben auf die Zukunft.

Sie wartet und wartet – *er-wartet* ständig etwas von ihm. Erwartungen sind jedoch tödlich für jede Beziehung. Sie enthalten Bedingungen, die die Zuneigung in ein enges Korsett schnüren – bis es platzt und die Partnerschaft krank wird oder endet.

Warum verbringen Frauen den Großteil ihrer Lovestory in einem von ihnen selbst geschaffenen Wartesaal? Glauben sie, Geduld zu haben würde sie eines Tages ans Ziel ihrer Träume bringen? Wieso nehmen sie die "Einladung" zu dieser liebesfeindlichen Warteschleife überhaupt an? Schlicht und einfach: weil ihnen "ein bisschen Liebe" von ihm die Sache wert ist!

Die Verliebte wartet und hofft darauf, dass ihr Halbgott sich auch endlich in sie verliebt. Die Geliebte zählt die Tage und Wochen, bis sich ihr Schatz für ganze drei Stunden von seiner Ehefrau loseisen kann – nach dem Motto: Lieber ein kleines Stück von ihm als gar keins.

Die Ehefrau wartet, bis ihr Mann von seiner heimlichen Geliebten nach Hause kommt und ihr weiter vormacht, er hätte keine. Die Freundin wartet auf den Tag, an dem ihr Partner ihr mehr Aufmerksamkeit schenken wird als seinem Auto. Die Frau des Alkoholikers hofft darauf, dass er endlich wieder nüchtern wird und sie mehr begehrt als die Flasche ... Was für eine elende Zeitverschwendung!

Das Leben ist nicht zum Warten da! Und auch nicht für die alleinige Liebe zu einem Partner. Es geht darum, jeden Moment deines Lebens lieben und schätzen zu können – mit oder ohne Anhang. Oder? Worauf warten wir dann noch? Verbring dein Leben nicht in Wartestellung! Das hast du lange genug getan. Geh *deinen* Weg, nach vorne, unabhängig – statt auf irgendjemanden zu warten oder gar *seinen* Weg zu gehen! Denn warten bedeutet hier eine Geduldsprobe ohne Belohnung! Nervenaufreibender Stillstand ohne ein Ergebnis – oder mit unbefriedigendem Ausgang. Hier kann nicht die Rede sein vom Warten darauf, dass die Zeit reif wird oder vom besonnenen Handeln im richtigen Moment. Diese spezielle Form des Ausharrens geschieht aus purer Abhängigkeit und bedient die Illusion, gefangen und gelähmt zu sein – nicht anders zu können, als eben zu warten. Es ist ein unglückliches Warten auf dem Abstellgleis, während die anderen Züge des Lebens an uns vorbeifahren. Der von mir sehr verehrte Sänger Laith Al-Deen klagt:

"Ich will nie mehr warten und schweigen – obwohl schon längst alles in mir schreit – nie mehr ein Teil von mir leugnen – weil es mich für den Moment befreit ..."

Du hast die Wahl! Du brauchst nicht die Hilflose zu spielen und dich kleiner zu machen, als du wirklich bist. *Du* entscheidest, ob du mit einem Mann, der dich hinhält, zusammenbleiben möchtest oder nicht. Du kannst entscheiden, auch wenn es dir nicht so erscheint, weil du den besagten Knopf zum Abstellen nicht findest und nicht weißt, wie du dich wieder entlieben sollst!

Warum gibst du dich mit weniger zufrieden, als du dir ersehnst? Warum gehst du schmerzhafte Kompromisse ein? Von Sex einmal abgesehen: Was gibt er dir, dass es dir wert erscheint, weiter an seinem Fliegenfänger zu kleben? Genügt dir seine verbale Bestätigung, dass du eine tolle Frau bist? Oder sagt er das noch nicht einmal, und du "liebst" ihn, obwohl er dich nicht zu schätzen weiß? Bist du etwa Masochistin und brauchst es gar, schlecht von ihm behandelt zu werden? Was macht seine Faszination aus?

Eines ist klar: Alles, was passiert, geschieht, solange du erlaubst, dass es sich abspielt! Die Dinge wiederholen sich, weil du sie nicht änderst. Die Wiederholung von leidvollen Situationen ist die Aufforderung, neue Ursachen zu setzen und dadurch die Weichen in deinem Leben neu zu stellen. Wenn du etwas Neues erleben möchtest, solltest du auch etwas Neues tun. Im Klartext: Jedes Mal, wenn du denselben ungeliebten Film anschaust, bist du aufgefordert (hast du sogar die Chance!), dich anders zu verhalten als gewohnt. Erst dadurch, dass du eine neue Ursache setzt, kann sich auch eine neue Wirkung in deinem Leben zeigen. Du allein entscheidest, wann der Tag kommt, an dem du keine Lust mehr auf Wiederholungen und Vertröstungen hast. Und in diesem Punkt unterscheidest du dich als Liebesjunkie vielleicht nicht allzu sehr von anderen Drogenabhängigen! Die müssen auch erst im Dreck liegen, bis sie entscheiden, ob sie sterben oder leben wollen ... Warten zu können ist eine Tugend. Warten zu müssen ist nichts als Quälerei!

Wann schaust du in den Spiegel und versprichst dir, endlich mal etwas Neues, wirklich Schönes mit einem Mann zu erleben?

Dauerhaft! Es liegt an dir! Die Vergangenheit hat dich geprägt. Doch in der Gegenwart entscheidest du über deine Zukunft.

Fühlt es sich nicht besser an, begehrt, umworben und aufrichtig bewundert zu werden? Oder macht es dir etwa Spaß, als verschmähter dummer August im Wartesaal zu hocken? Warum sich also weiter Herren der Schöpfung ausgucken, die beziehungsgestört, verheiratet oder sonst wie der Kategorie "don't touch" angehören?

Ein verheirateter Mann, der sich nicht nach spätestens sechs Monaten zwischen dir und seiner Frau entscheidet, weiß nicht, was er will. Oder besser: Er weiß sehr genau, was er will. Es soll einfach alles so weitergehen. Ohne Konfrontationen und dazu bitte so viel Spaß wie möglich. Er baut dich irgendwie in sein Leben ein, "hält" dich als seine Geliebte – und zwar möglichst lange: indem er dich auf ein diffuses Irgendwann vertröstet: *Du bist für mich die Nummer eins!*", verkündet er ab und zu großzügig – *"am Ende der Schlange"* trifft es wohl eher. Auch wenn du beginnst, Forderungen zu stellen, ändert das erst einmal nichts.

Er lässt sich von dir nicht zu irgendetwas drängen und beschwichtigt, er müsse erst mal *"sein Leben aufräumen"*. Da er jedoch den Rosenkrieg und den Verlust von Frau und Kindern scheut, spielt er das Versteckspiel mit dir weiter, solange es eben geht. Selbst wenn es ihn innerlich zerreißen sollte: Er wird seiner Frau nichts von dir erzählen, nicht nur aus Angst und Schuldgefühlen heraus. Da er damit beschäftigt ist, die Erwartungen zu erfüllen, die man an ihn stellt, ist das Verheimlichen die einzige "Freiheit", die er noch zu haben glaubt. Und mit dir in seinem Liebesnest kann er stundenweise wieder durchatmen. Das ist nicht nur ein Ort der sexuellen Erregung für ihn, sondern auch eine Art Wiederaufladestation. Alles, was ihm in seiner langjährigen Ehe fehlt, findet er bei dir. Und das, was du nicht hast, hat seine Frau – wie praktisch. Die Gefühle, die er für dich hat, mögen aufrichtig sein. Dennoch solltest du nicht auf eine Entscheidung von ihm spekulieren, denn dann hast du den Schwarzen Peter. Nur ganz wenige Männer machen Nägel mit Köpfen und ziehen einen klaren Schlussstrich.

Darf es auch ein bisschen mehr sein, als nur 20 Prozent von der gewünschten Zweisamkeit zu erleben? Wie wäre es mit dem ganzen Kuchen – statt nur ein paar Krümeln?

Solltest du das leidige Warten satt haben, gib als Erstes die Fixierung und deine Erwartungshaltung an einen Partner auf, der dir keiner ist. Es hat keinen Sinn, enthaltsam zu leben und sich für jemanden aufzusparen, der nicht klar signalisiert, wie es mit euch weitergeht.

"Können vor Lachen", entgegnest du mir jetzt sicherlich, *"wie soll das gehen?"*

Gib das Warten auf Godot auf und nimm für eine absehbare Zeit Abstand von deinem männlichen Dreh- und Angelpunkt. Vor allem geh auf Distanz zu deiner zwanghaften Besessenheit.

"Danke für die Belehrung ... Na, super! Wenn ich das könnte, dann wäre ich ja nicht süchtig und könnte an dieser Stelle dein Buch zuklappen!", denkst du jetzt – richtig?

Du kannst! Hör auf dir einzureden, du könntest es nicht. Du bist kein Opfer. Irgendetwas – oder besser gesagt "jemand" in dir – wählt das ewige Wartezimmer statt der Veränderung, weil du tief in dir davon ausgehst, dass deine Situation dir Vorteile verschafft: Erstens bist du das bedauernswerte Opfer, das *er* aus dir macht! Und dafür soll er sich schuldig fühlen und es mit diversen Liebesbeweisen (wie kleinen Aufmerksamkeiten) wiedergutmachen. Zweitens scheinst du zu glauben, dies sei der einzige Weg, um ein Stück Glück zu erleben. Und last but not least: Durch deine Leidensfähigkeit beweist du ihm sozusagen immer aufs Neue, wie sehr du ihn liebst, ihn willst und was du alles im Namen der Liebe auf dich nimmst. Schade nur, dass er diese Liebesbeweise überhaupt nicht zu schätzen weiß. Im Gegenteil: Er leidet unter den Schuldgefühlen, die du ihm durch deine Opferhaltung machst, folglich gibt er dir lediglich einen kurzen, von dir "erzwungenen" Moment der Aufmerksamkeit – und mehr nicht.

Jana: *"Das Eis ist für mich zu dünn geworden. Lukas weiterhin stundenweise alle paar Wochen zu sehen, wäre der größte Betrug an mir selbst. Ich habe es ihm gesagt, immer und immer wieder. Ich wollte ihn nicht scheibchenweise, ich wollte ihn ganz oder gar nicht!"*

Willst du mehr als ein Stück vom Glück? Möchtest du wirklich glücklich sein? Willst du dein Leben lieber mit der Sonne oder nur mit einer Kerze erhellen? Wenn du die Sonne vorziehst, dann gib *ihn* als Zentrum deines Lebens auf. Setze dir und ihm eine Frist, sich zu entscheiden. Doch was noch viel wichtiger ist: Gib den Irrglauben auf, nur ein Partner könne dich glücklich machen! Das kann der Mann deines Geschmacks bestimmt nicht, denn schließlich orderst du immer Männer, die beziehungsunfähig, verklemmt, zu schwach, zu unentschlossen oder zu egoistisch für dich sind.

Du suchst dir schwache Männer aus und willst, dass sie stark sind!

Der Schlüssel zu deinem Glück liegt in dir! Schau auf dein kostbares Leben – anstatt das eines anderen zu verherrlichen.

Also, noch einmal die Frage an dich: Darf es auch ein bisschen mehr sein? Möchtest du etwas ändern und aus dem lähmenden Wartezimmer zurück ins Leben treten? Sollte dies dein aufrichtiger Wunsch sein, dann:

Werde dir deiner Erwartungen bewusst und arbeite an deiner inneren Haltung. Übe Erwartungslosigkeit, Vertrauen ins Leben und Offenheit.

Erinnere dich an all das, was dir Freude bereitet und dich erfüllt, und tu es! (Damit zerschneidest du wesentliche Fesseln deiner Abhängigkeit!)

Werde dir darüber klar, wer du wirklich bist (mit Sicherheit kein hässliches Entlein oder Aschenputtel! Also behandle dich auch nicht so!)

Geh die Dinge an, die in deinem Leben anstehen, um deinen Weg zu gehen und dir deine Träume zu erfüllen. Was sind deine größten Fähigkeiten und Aufgaben auf deinem Lebensweg?

Ich sage nicht: Wähle Karriere statt Partnerschaft. Ich meine vielmehr: Vernachlässige dein Leben und deinen Weg nicht vor lauter verzehrender "Liebe" nach ihm, sondern bleibe dir und deinem Weg treu und geh ihn – weiter – vorwärts – gleichmäßig – Schritt für Schritt. Freu' dich deines Lebens – oder versuch es wenigstens!

Wie viele Frauen verlassen ihren Job, ihre Freunde, ihre Stadt oder sogar ihr Land nur für "ein bisschen Liebe", auf die sie dann wieder in einer Endlosschleife warten müssen? Alles wird zunichte gemacht – für ihn! Wie viele Männer würden das je für eine Frau tun? Es stellt sich die Frage: Warum sollte das überhaupt jemand für einen anderen tun?

Hat eine Beziehung, die auf derart einschneidenden Kompromissen beruht, überhaupt eine Chance? Fordert Liebe den Preis, den eigenen Weg zu verlassen? Sollte sie nicht vielmehr dazu ermutigen, sich gänzlich zu entfalten und auszuweiten, statt sich anzupassen und zu beschneiden? Was hat mein Partner von mir, wenn ich nur noch ein Schatten meiner selbst bin und ihm unterschwellig oder direkt die Schuld dafür zuweise?

Vielleicht ist es ja auch so, dass du gar nicht so recht weißt, was genau deine Mission oder dein Weg im Leben ist. Dass du aus diesem Grund einem Mann solch große Bedeutung beimisst? Damit wärst du nicht allein. Viele Menschen haben keinen Schimmer von den in ihnen schlummernden Talenten und Herzenswünschen. Denn sie lenken sich mit ihrer Besessenheit ständig dermaßen von sich selbst ab, dass ihre eigentlichen Schätze nicht zum Vorschein kommen können. Der Partner tritt an die Stelle der eigenen Lebensaufgabe und das Erkämpfen seiner Zuneigung wird zur heimlichen Hauptbeschäftigung.

Sarah: *"Ich bin wieder ziemlich desillusioniert und auf die Tatsache zurückgeworfen, dass mein Leben zu isoliert ist, zu langweilig und ich deswegen so obsessiv nach jemandem suche, der das für mich ändert! Solange es mir nicht gelingt, daran etwas zu ändern, werde ich wohl zwangsläufig immer liebessüchtig bleiben, weil das abhängige Benutztwerden unterm Strich immer noch aufregender ist, als sich allein zu Tode zu langweilen!"*

Rührt deine Fixierung auf einen Mann, der nicht zu haben ist, von deiner Unzufriedenheit und deinen Zweifeln über den Verlauf deines Lebens her? Ist er am Ende gar nicht das, was deine Fantasie aus lauter Langeweile oder innerer Leere aus ihm macht? Dann ist dein großes Bedürfnis nach ihm nichts anderes als Ersatzbefriedigung, dein Held nichts weiter als ein Lückenbüßer und dein unbewusster Versuch, dich durch seine Anwesenheit in deinem Leben mit "fremden Federn" zu schmücken.

Wenn *dein* Leben erblüht, erblüht auch die Liebe mit deinem Partner, weil deine Bedürftigkeit wegfällt und keinen Platz mehr fordert. Mit deinem Wunsch, einen Partner zu finden, der dir deinen Lebenssinn erschließt, zäumst du das Pferd von hinten auf. Klar, solange dein Partner oder der, der es werden soll, dich inspiriert, kann sich das positiv auf dein Leben auswirken. Wenn du ohne ihn jedoch nichts hinbekommst, dich verloren und abgeschnitten fühlst, bist du auf ungesunde Weise von ihm abhängig.

Ich spreche hier von wesentlichem Kontakt mit deinem Lebenssinn. Ich will nicht sagen, dass eine bestimmte Reihenfolge oder Ergebnisse zählen: dass du *zuerst* etwas wie Karriere oder Geld oder gar einen gewissen Lebensstandard vorzuweisen haben müsstest, um *dann* eine Partnerschaft einzugehen. Mir geht es nur darum, dich darauf hinzuweisen, dass ein Mann dir den Sinn deines Lebens nicht auf dem goldenen Tablett servieren kann und wird. Was du auf diesem Planeten erleben möchtest, kannst nur *du* herausfinden. Die Gefahr ist groß, dass du deine Lebensaufgabe nicht verwirklichen wirst, wenn du dieses Thema durch die Fixierung auf ein männliches Gegenstück zeitweise oder ganz verdrängst. Spätestens wenn du verlassen wirst, wird dich diese Herausforderung umso härter erwischen. Denn mit dem Verlassenwerden treten zuvor verdrängte Depressionen mit einer Heftigkeit hervor, die sehr leidvoll sein können.

"Ach, diese Lücke ... diese entsetzliche Lücke", um es mit Goethes Worten aus seinen *Leiden des jungen Werther* auszudrücken:

"Wiederholtes Versprechen, das ihr die Gewissheit aller Hoffnungen versiegelt, kühne Liebkosungen, die ihre Begierden vermehren, umfangen ganz ihre Seele; sie schwebt in einem dumpfen Bewusstsein, in einem Vorgefühl aller Freuden, sie ist bis auf den höchsten Grad gespannt, sie streckt endlich ihre Arme aus, all ihre Wünsche zu umfassen – und ihr Geliebter verlässt sie.

(...) Erstarrt, ohne Sinne, steht sie vor einem Abgrunde; alles ist Finsternis um sie her, keine Aussicht, kein Trost, keine Ahnung! Denn der hat sie verlassen, in dem sie allein ihr Dasein fühlte. Sie sieht nicht die weite Welt, die vor ihr liegt, nicht die vielen, die ihr den Verlust ersetzen könnten, sie fühlt sich allein, verlassen von der Welt – und blind, in die Enge gepresst von der entsetzlichen Not ihres Herzens, stürzt sie sich hinunter, um in einem rings umfangenden Tode alle ihre Qualen zu ersticken."

Entfalte dich – eigenständig – deinem Wesen entsprechend. Dafür gibt es keine Abkürzung. Niemand kann und sollte dir deinen Weg abnehmen. Auch die kleine Raupe bewerkstelligt ihre Transformation zum Schmetterling ja nicht über das "Ankleben", "Bewundern" oder "Lieben" männlicher Schmetterlingsflügel. Selbst wenn sie ewig darauf warten würde, dass jemand in ihr einen Schmetterling sieht – bis zu dem Tag, an dem sie tatsächlich einer geworden ist, wird jeder in ihr nur eine Raupe sehen. Sie kann ihre grandiose Verwandlung zum Schmetterling nur eigenständig vollbringen. Dafür zieht sie sich für eine Zeit in ihren Kokon zurück und lässt das Wunder geschehen. Welches Insekt fasziniert uns wohl mehr? Wer ist der Hingucker? Die kleine unscheinbare Raupe oder der elegante und farbenfrohe Schmetterling?

Statt deine unerfüllten Träume unter den Teppich zu kehren und mit Sehnsucht und Begeisterung nach *ihm* zu überdecken, kannst du ihn an deiner Persönlichkeit und an deinem Leben teilhaben lassen – wenn du denn ein eigenes Leben hast … Du kannst das, was dich und deine Individualität ausmacht, zur vollen Entfaltung bringen – und zwar nicht nur dann, wenn du verliebt bist und durch den Zauber der Liebe dermaßen aufblühst, dass du gar nicht weißt, was du zuerst tun sollst. Ohne die wundervolle Kraft des Verliebtseins schmälern zu wollen, möchte ich lediglich hinzufügen: Du kannst dich auch ohne den anderen in dein Leben verlieben und die Begeisterung für deine Existenz mit deinem Partner teilen – statt ihn als Bedingung dafür zu sehen, dass dir dein Leben lebenswert erscheint.

Eine Japanerin gab mir einmal eine klare Ermutigung mit auf den Weg, die sich als Bild in mir festgesetzt hat: *"Wenn du wissen möchtest, wer dein Mann ist, steh auf und lauf! Geh deinen Weg, mit allen Konsequenzen und in deinem Tempo. Derjenige, der dir auf diesem Weg begegnet, dich sieht und in deinem Tempo locker mit dir Schritt halten kann, ist der Richtige."*

Macht süchtige Liebe blind?

Jessica: *"Ich weiß nicht, was ich an ihm liebe. Er ist einfach sooooo sexy! Er lässt mich jedes Mal dahinschmelzen. Die Art, wie er sich gibt, schon allein sein Gang ... Er macht mich total an. Er ist einfach genau mein Typ!"*

Sind wir Opfer einer triebhaften, magnetischen Anziehung und sehen milde über offensichtliche Charakterschwächen hinweg? Kann es sein, dass wir so verblendet und hypnotisiert sind, dass er in unserer Vorstellung zu jemandem wird, der mit der Realität nicht das Geringste zu tun hat? Machen wir ihn zu jemandem, den wir in ihm sehen wollen? "Basteln" wir uns einen Mann?

Logo, Verliebtsein macht blind! Das ist keine Neuigkeit, und daran ist auch nichts verkehrt. Schließlich brauchen wir ja die Illusion, unser Romeo sei die makellose Antwort auf all unsere Wünsche, sonst würden wir uns ja gar nicht auf ihn einlassen. Das Problem ist, dass Liebeskranke dazu neigen, ihren Märchenprinzen dermaßen zu idealisieren, dass sie seine Unfähigkeiten und Unsicherheiten nicht wahrnehmen können. Sie "backen" sich ihren Prinzen und sehen ihn so, wie sie ihn gerne hätten! Wenn er sich dann nicht den Erwartungen entsprechend verhält, reagieren sie verständnislos, verletzt und verärgert.

Was macht seine Besonderheit eigentlich aus – außer der besagten Unnahbarkeit? Mag sein, dass er erotisch, sportlich und energisch ist, vielleicht ist er auch einfach nur interessant, verkorkst und auf seine Art ganz besonders. Die Frage, die im Raum steht, ist jedoch: Kann er uns Geborgenheit geben? Nährt er uns in irgendeiner Weise? Oder ist er grenzenlos egoistisch und interessiert sich schlicht nicht für unsere Bedürfnisse? Wie verhält er sich konkret bei uns? Unterstützend? Oder zieht er uns eher den Boden unter den Füßen weg? Was genau ist dann noch so besonders an ihm?

Wenn wir tatsächlich mit ihm zusammen wären, dauerhaft und auf eine Weise, wie wir es uns wünschen – wie lange würde seine "coole Masche" oder seine Einzigartigkeit dann über seine Defizite hinwegtäuschen? Würden wir ihn dann überhaupt noch wollen?

Anja: *"Ich denke, es geht letztlich gar nicht um Achim. Er ist eher ein Symbol für das schöne Gefühl, in das ich verliebt bin und das ich durch ihn bekomme."*

Sind Menschen, die obsessiv lieben, einfach nur "naiv"? Was unser eigenes Verhalten betrifft, schon. Unsere Wimpern sind der Iris so nah, dass wir sie ohne Spiegel nicht sehen können. Ergo bekommen wir leider nur zu häufig auch als Letzte mit, wenn wir alte Verhaltensmuster abspulen. Dann stecken wir meist schon bis über beide Ohren in der Abhängigkeit.

Wir mögen zu Idealisierungen unseres Traumprinzen neigen, die manch eine süchtige Romantikerin erahnt, manch eine doch lieber verdrängt. Tief im Innersten wissen wir sehr wohl, dass das Verhalten unseres Don Juans nicht viel Ehrenhaftes hat und wir uns unter Wert verkaufen. Meistens erkennen wir sogar sehr deutlich, was beim anderen "äußerlich betrachtet" nicht stimmt, und führen heimliche Negativlisten, auf denen wir eifrig Punkte sammeln:

Claudia: *"Ich kann Jan schon nicht mehr böse sein wegen der Absage, und doch ist es keineswegs vergessen, ich sehe nicht blind darüber hinweg. Es addiert sich zu einer Liste ..."*

Und Sabine ist sich bewusst: *"Er ist immer unpünktlich, er sagt mir nicht, dass er mich liebt, er scheint verantwortungslos zu sein ..."*

Unsere Freundinnen oder Tagebücher können ein Lied davon singen. Entsprechend wechselhaft geht es in unseren Erzählungen über ihn zu. Entweder er ist "der Beste" oder einfach nur "der Arsch" (auch nicht gerade ein Indiz dafür, dass wir ihn tatsächlich lieben!). Am Ende gewinnt immer der Eindruck, er sei "trotz allem" unser Traumtyp und er sei es nun mal wert, seine Unverbindlichkeit, Unzulänglichkeit, Unpünktlichkeit und seine ständigen Verletzungen hinzunehmen. Von daher macht Liebe nicht unbedingt blind, sondern in erster Linie handlungsunfähig.

Obwohl uns sein Verhalten stört, nervt oder verletzt: Wir stecken immer wieder den Kopf in den Sand und finden nicht die Entschlusskraft, Konsequenzen zu ziehen. Wir lassen sein Verhalten weiter zu, auch wenn unser Stolz es eigentlich verbietet, wir uns bei ihm darüber oft auch tränenreich beschweren. Die Süße, die er uns in kleinen Dosen verabreicht, scheint den Preis – nämlich unseren Stolz zu begraben – wert zu sein.

Hier ist also nicht die "Erblindung" gemeint, die über die Fehler des anderen hinwegsehen lässt, sondern vielmehr die selbstschädigende Annahme, Liebe hätte etwas mit Erdulden zu tun. Gefolgt von der Illusion, wir könnten den anderen ändern!

Tanz der Vampire

Kontrolle ist gut, Vertrauen ist besser

Wir nehmen also unsere Opferrolle zähneknirschend hin und schicken unseren Stolz endgültig in die Wüste. Warum? Wir hoffen, dass der Liebste sich mit der Zeit doch noch ändern wird, und glauben, unsere Zugeständnisse – um den Preis unserer Würde – seien nun mal das, was wir für seine Verwandlung zahlen müssten. Was natürlich nicht stimmt. Die Liebe verlangt keinen Preis. Sie ist kostenlos und frei. Wahre Liebe wächst, je mehr man davon gibt! Da es sich hier aber nicht um bedingungslose Liebe handelt, nehmen wir die unausgesprochenen "Vertragsbedingungen" an. So lange, bis uns der Kragen platzt und unser Ego sich endlich Luft verschafft.

Denn wenn das tapfere und vorgetäuschte Erdulden nichts bringt, geht *frau* zur nächsten Phase über. Sie beginnt, sich zu beklagen. Kennst du das? Du beginnst Endlosdiskussionen, die letztendlich nur bewirken, dass dein Süßer sich in einen schweigsamen Kühlschrank verwandelt und sich in seine Höhle mit dem Schild "Hau ab!" zurückzieht. Vor verrammelter Tür redest du ungehemmt auf ihn ein, philosophierst über "Recht und Unrecht", erklärst ihm, was er noch alles zu lernen habe und was er unbedingt an sich ändern müsse. Du kannst ewig so weitermachen und vor seinem Rückzugsort Wurzeln schlagen – er ändert nichts, und die Tür bleibt zu!

Das nagt am Selbstwertgefühl und verstärkt Selbstablehnung und Schamgefühl. Es macht wütend, dass er mit uns umgehen kann, wie er will, und wir nicht in der Lage zu sein scheinen, etwas dagegen zu tun. Wir fühlen uns als Opfer, obwohl wir doch "eigentlich" wissen, dass wir sonst sehr stark sein können. Wir kleben an seinem Leben, sind von seinem Tun und Lassen abhängig und betteln an seinem Rockzipfel um Aufmerksamkeit.

Stell dir mal vor, deine beste Freundin würde damit anfangen, dich jeden Tag anzurufen, ihren Tagesablauf voll auf dich einzustellen und sich in jeder Hinsicht komplett von dir abhängig zu machen. Ganz schön nervig auf die Dauer, oder? Wie lange wäre sie dann wohl noch deine beste Freundin? Richtig, du würdest versuchen, sie kurzerhand loszuwerden!

Das Gefühl, bewundert zu werden, mag ja recht angenehm sein. Ufert diese Bewunderung allerdings zu einer Art von heimlichem Stalking aus, wird es unangenehm und sogar beängstigend. Was will der andere nur von mir? So besonders bin ich doch gar nicht! Kann er oder sie mich nicht mal in Ruhe lassen?

Genau das kann sie nicht, die bedürftige Liebesbraut. Sie hat ein heimliches Hobby, das nicht gerade dazu führt, beim anderen in der Beliebtheitsskala aufzusteigen: ihr Talent zum Kontrollfreak! Sehr gefürchtet ist ihr Abfragekatalog: "*Wo warst du so lange? – Wieso hast du mich nicht angerufen? – Liebst du mich noch? – Wann trennst du dich endlich von ihr? – Wann sehen wir uns endlich? – Warum sagst du mir nicht, dass du mich vermisst?*" – Gefolgt von: "*Warum hast du mich verlassen?*" Und: "*Wieso kommst du nicht zu mir zurück?*"

Tja, warum wohl ...?

Unterschwellige und offene Schuldzuweisungen als Druckmittel

Solltest du dich bei nur einer dieser Fragen ertappen, kannst du sicher sein, dass es sich bei deiner Form der Liebe garantiert nicht um aufrichtige Liebe handelt. Du stellst nämlich permanent süchtige Forderungen an deinen Partner und hast eine versteckte oder ausgesprochene Liste von Erwartungen an ihn – wie er zu sein hat, was er zu machen und was zu lassen hat, damit es dir gut geht. Du siehst dich nicht imstande, ihn so zu lassen, wie er nun mal ist.

Besonders weibliche Wesen haben die "Gabe", durch Zweideutigkeit, Gestik, Mimik und einen bestimmten Unterton Forderungen und Schuldzuweisungen an ihr männliches Gegenüber auszusenden, zum Beispiel durch einen vorwurfsvollen "Bambi-Augenaufschlag". Wenn du davon überzeugt bist, bestimmte Ansprüche an deinen Partner zu haben, wird es dir schwerfallen, auf Vorwürfe zu verzichten, falls er sich nicht deinen Erwartungen entsprechend verhält. Also arbeitest du mit verdeckten oder direkten Schuldzuweisungen und erreichst damit vor allem, dass dein Partner dich nicht mehr, sondern eher weniger liebt!

"Wir spielen uns auf wie ein zehn Tonnen schwerer Lastwagen voller Urteile darüber, was richtig und falsch, fair und unfair oder gut und schlecht ist, um bei ihnen Scham- oder Schuldgefühle auszulösen, falls sie unsere Forderungen nicht erfüllen. Oder wir ziehen uns in unser Schneckenhaus zurück und lassen subtile Hinweise auf unser Märtyrertum fallen. Wir hüllen uns in Schweigen, in der Hoffnung, dass die andere Person nachgeben wird!"

Ken Keyes

Soll das etwa heißen, man soll alles stillschweigend hinnehmen? – Im Gegenteil! Es kann keine Rede davon sein, dass du deinem Partner auf Kosten deiner Selbstachtung keine Grenzen setzen solltest. Wenn er mit seinem Verhalten beginnt, dein Leben zu beeinträchtigen, solltest du ihm das mitteilen. Jedoch ohne die innere Arroganz, er habe sich deiner Fernsteuerung zu fügen! Grenzen abzustecken ist das eine, Manipulation das andere.

Eine Frau, die eine Tendenz zu kontrollierendem Verhalten wie Eifersucht, Spionage, Manipulation und Herrschsucht hat, dreht sich in ihrem Leben komplett oder zumindest tendenziell um einen Mann. Sie ist also emotional völlig von ihm abhängig. Abhängigkeit ist keine Liebe, weil sie auf Mangel anstelle von Fülle basiert! Ein Partner sollte deine Bedürfnisse zwar nicht ignorieren, doch ihre Erfüllung mit allen Mitteln einzufordern, bringt dich nicht ans Ziel. Liebe und Fürsorge sind eine freiwillige Angelegenheit.

Leider wird in den meisten Fällen erst spät – in manchen nie – erkannt, dass aus den falschen Motiven heraus geheiratet wurde. Nicht etwa als Ausdruck inniger Verbundenheit zweier Herzen, die zu ihrer Authentizität und Einheit mit dem Ganzen gefunden hätten, sondern aus Torschlusspanik, Angst vor dem Alleinsein oder dem Bedürfnis, einen Garanten, der für immer und ewig Liebe und Zuneigung versprechen soll, festnageln zu wollen. Ein vertraglich geregeltes Versprechen, basierend auf einem großen Sicherheitsbedürfnis ist zwar nachvollziehbar, hat aber nichts mit Liebe und Freiheit, Spontaneität, Feuer oder Erotik zu tun!

Eine solche Ehe erinnert eher an einen Tanz von Vampiren, die sich gegenseitig den Lebenssaft aussaugen, weil sie ohne fremdes Blut nicht leben können: *"Du gibst mir das, dafür bekommst du von mir das ..."* Oberflächlich gesehen könnte man diese Vereinbarung für Teamwork halten. Tatsächlich jedoch rauben sich die beiden Blutsauger gegenseitig Energie, denn sie geben und nehmen nicht freiwillig und aus der Fülle ihres Lebens, sondern erfüllen zwanghaft die Rolle, die der andere von ihnen zu erwarten scheint.

Das ganze Beziehungskarussell hat schon sehr viel von einem "Jahrmarkt der unreifen Bedürftigkeiten": Es gibt Zärtlichkeiten im Sonderangebot gegen ein bisschen Aufmerksamkeit, Sex im

Sechserpack im Gegenzug für Anerkennung und jede Menge "Liebe" (so steht es jedenfalls auf der Verpackung), für ein Gefühl der Zweisamkeit. Ständig reden wir davon, zu lieben und geliebt werden zu wollen, doch: Wie verhalten wir uns tatsächlich? Liebevoll? Oder nicht eher vorwurfsvoll?

"Ich entdeckte, dass ich die Reinheit der Liebe verlor, wann immer mein Ego eine Gegenleistung von meiner Partnerin erwartete. Weder Magie noch Spontaneität entstanden, wenn ich in einer Buchhalter-Einstellung gefangen war. Denn Liebe ist kein Tauschgeschäft. Als ich begann zu lieben und zu dienen, ohne mich um Gegenseitigkeit zu sorgen, tat sich um mich herum ein liebevolles Feld auf, in dem ich viel zurückbekam, viel mehr, also ich je geben konnte."

Ken Keyes

Um die Qualität aufrichtiger Liebe zu entwickeln, ist es notwendig, Vertrauen aufzubauen und Kontrolle aufzugeben! Nicht *blindes* Vertrauen. Es geht auch gar nicht darum, *ihm* zu vertrauen: Es geht um Selbstvertrauen und das Vertrauen ins Leben. Je mehr du selbstverständlich davon ausgehen kannst, dass du es wert bist, geliebt zu werden, umso mehr wirst du diese Liebe erfahren.

10

Der Versuch, die falsche Person zu ändern

Du denkst vielleicht: *"Wenn ich es schaffe, mich irgendwie von meinem Partner zu lösen, dann geht es mir besser."* Es kommt zur Trennung, und das "Bäumchen-Wechsel-dich-Spiel" geht weiter. Simsalabim: Ein neuer Herzensanwärter wird herbeigezaubert. Diesmal scheint der Richtige angebissen zu haben. Doch – oh Schreck! Der neue Romeo sieht dem alten (ent-)täuschend ähnlich. Er hat nicht nur körperliche, sondern auch persönliche Eigenschaften, die dem bisherigen Kreis der Auserwählten mehr als entsprechen. Und nicht nur das! Früher oder später spiegeln sich sowohl der eigene Zustand als auch die eigenen inneren Muster beim neuen Partner wider, wenn auch in der irrigen Annahme, mit dem anderen stimme etwas nicht. Die Schokoladenseiten bröckeln auf beiden Seiten, und die weniger schönen Seiten unter dem Zuckerguss von Verliebtheit zeigen sich. Und bald wird dir wieder unmissverständlich vor Augen geführt: Wenn du dich nicht änderst (oder besser gesagt, deine Liebesfähigkeit nicht erweiterst), dann kannst du auch keine glückliche Beziehung führen.

Frustrierende Wiederholungen und der innere Drang, unseren Partner ändern zu wollen, sind oft Motive, warum wir es in unserer Beziehung nicht mehr aushalten. Sie zeigen uns jedoch letztlich nur, was wir in uns selbst noch nicht verändert haben! Und solange wir uns nicht in der Tiefe verändern, wird sich der gleiche Film mit anderen Hauptdarstellern wieder von vorne abspielen.

Lisa fühlt sich von ihrem Partner zutiefst vernachlässigt und teilt ihm dies mit, gefolgt von einem Forderungskatalog, wie er sich zukünftig verhalten solle: *"Ich durchlöcherte ihn mit Fragen nach seinem Verhalten mir gegenüber, und er schien von meinem Ratequiz nicht gerade begeistert, fühlte sich in die Ecke gedrängt und ließ kaum was raus. Ich kann es einfach nicht lassen, ihm Druck zu machen. Ich will unbedingt, dass er sich ändert – auch wenn ich längst weiß, dass das nichts bringt und nichts mit Liebe zu tun hat."*

Sind wir an dem Punkt, an dem wir nicht mehr für ein paar romantische Nächte über seine ausbleibenden Liebesbeweise hinwegsehen können, beginnen wir damit, unseren Liebling zu manipulieren. Wir wissen jetzt ganz genau, was *er* zu ändern hätte, damit er so ist, wie wir es uns vorstellen. Wir basteln uns also einen Mann und geben offene oder versteckte Kommandos durch: *"Es wäre schön, wenn ... Warum bist du nicht ...? Warum machst du nicht ...? Warum hast du nicht ...? Wann kapierst du eigentlich ...? Wie lange muss ich denn noch warten, bis du ...?"*
Wir fühlen uns im Recht, weil wir unter seiner Vernachlässigung leiden, und erklären ihm, wie er sich wunschgemäß zu verhalten habe. Wir analysieren, ob er es tut und wenn nicht, warum nicht. Wir verfolgen Strategien, um ihn zu einem bestimmten Verhalten zu manipulieren. Vergebens. Ein Prinz lässt sich nun mal nicht backen! Da hilft es auch nicht, notfalls entnervt das Nudelholz herauszuholen und damit verbal auf ihn einzuschlagen! Denk bitte daran: Wenn du mit dem Finger auf eine andere Person zeigst, zeigen vier Finger auf dich! Es nutzt nichts, einen Spiegel zu beschimpfen, wenn das eigene Gesicht schmutzig ist.
Stell dir dein Leben einmal als ein Glas mit klarem Wasser vor, auf dessen Boden sich Schmutz angesammelt hat. Jetzt kommt ein Mann vorbei, nimmt einen Löffel und rührt in deinem Wasserglas

herum. Übertragen heißt das: Sein Erscheinen und sein Verhalten wirbeln dein Leben auf, und die Bodenablagerungen werden sichtbar. Ist es *sein* Verschulden, dass das Wasser in deinem Glas jetzt nicht mehr klar, sondern schmutzig ist? Solltest du ihn dafür verantwortlich machen und beschimpfen, dass er dir die Illusion genommen hat, es befände sich nichts als reines Wasser in deinem Glas? Hat er nicht vielmehr die Funktion, nicht nur deine Schokoladenseiten, sondern auch die Abgründe deines Lebens ans Licht zu bringen?

Wieso bemühen wir uns weiterhin so hartnäckig, die "falsche Person" zu ändern, zu verbessern oder zu kritisieren? Sicherlich ist es einfacher, die Fehler und Schwächen des anderen aufzudecken, gern gefolgt von Forderungen, wie er diese beheben soll. Leider ist die Liebesmüh' hinter solch einer blinden Einstellung nicht nur vergeblich, sondern auch die große Illusion, die Umgebung solle das tun, was eigentlich unsere eigene Aufgabe wäre. Zu denken, nur die anderen hätten noch so viel zu lernen, während wir angeblich bereits über den Dingen stehen, ist ein Denken nicht frei von Arroganz.

Im Buddhismus werden Ärger, Dummheit und Arroganz als die "drei Gifte" bezeichnet. Wenn wir eine Veränderung beim anderen fordern, aktivieren wir eine Art "giftige Liebe", solange wir uns unseren süchtigen Tendenzen nicht bewusst stellen. Auf diese Weise zu "lieben", ist vor allem Gift für *uns*, denn es macht uns blind, abhängig und unglücklich. Wir sind also aufgefordert, ein Gegengift zu entwickeln, durch das wir uns gegen künftige giftige und schädliche Liebe impfen können.

Ziehe einmal in Erwägung, dass du an deinem Herzensmann ohnehin nichts zu ändern brauchst, sondern dass er so, wie er ist, für dich im Moment genau der Richtige ist – auch wenn er sich aufgrund seiner inneren Unfreiheit vielleicht unmöglich verhält. Es ist nicht gesagt, dass er derjenige ist, der die höchste Punktzahl an Qualitätsmaßstäben verdient. Auch wenn er vielleicht nicht die Idealbesetzung und der Mann fürs Leben ist, kann er doch "der Richtige" für deine Entwicklung sein. Mit ihm an deiner Seite zeigt sich gnadenlos, woran du noch zu knabbern hast. Kannst du ihn mit seinen Schwächen und Abgründen akzeptieren und lieben? Oder musst du deswegen leiden und ihn daher verurteilen und abweisen?

Willst du an ihm und mit ihm wachsen? Jeder für sich – gemeinsam? Ist es dir möglich, allein zu stehen und gemeinsam zu gehen? Mit "allein stehen" meine ich nicht, still zu stehen, sondern die Fähigkeit, eigenständig zu sein und auch gut allein sein zu können. Nur mit innerer Stabilität hat man die Voraussetzung dafür, auf erfüllende Weise "gemeinsam gehen" zu können!

Als bessere oder schlechtere *Hälfte* ist man kaum lebensfähig. Wie soll man auch als "halber Ball" durchs Leben rollen? Solch ein Gebilde rollt nicht, sondern *wartet* – darauf, dass die andere Halbkugel es von seiner Passivität erlöst. Zwei "ganze" Bälle, die Seite an Seite durchs Leben auf eine gemeinsame Richtung zurollen, sind keine zwei Hälften, die sich gegenseitig brauchen, um komplett zu sein – sondern zwei vollständige Wesen, die nach vorn blicken, um zu sehen, was sie mit dieser Liebe anfangen möchten. Sie bewegen sich unabhängig voneinander und wählen aus freiem Willen, nebeneinander herzukugeln.

Solch eine Verbindung macht Spaß, bereichert, beschenkt sich gegenseitig mit Überraschungen und wird selten langweilig. Vor allem gibt sie die Sicht frei auf mehr als nur die "traute Zweisamkeit"! Anstatt so liebesblind zu werden, dass man der Illusion erliegt, die Welt bestünde nur aus zwei Personen, die wie Kletten aneinanderhängen, kann man die Liebe, die man für den Partner empfindet, so umfassend erleben, dass sie sich auf die Mitmenschen ausdehnt! Verbindungen, die solch' eine Tiefe haben, sind Beziehungen, die die Welt bewegen können. Ihr Miteinander hat nicht nur den Zweck, sich gegenseitig zu heilen, sondern vielmehr, in Verbindung mit weit mehr als nur einer Person stehen zu können. Erkenntnis ist der erste Schritt zur Besserung. Sollten wir uns dabei ertappen, süchtige Forderungen an den anderen zu stellen, können wir das zwanghafte Bedürfnis, ihn zu korrigieren, aufgeben und es stattdessen als einen Hinweis akzeptieren, dass wir an uns selbst arbeiten sollten. Keine einfache Herausforderung. Dein Ego wird diese Zeilen mit Sicherheit nicht lieben, doch aus meiner Sicht ist die Bändigung unserer egoistischen Forderungen die einzig wirksame Methode, um in Harmonie mit unserem Partner zu kommen.

Das empfehlenswerte Buch *Lieben was ist* von Byron Katie beschreibt detailliert, wie man solche Egofallen mit vier simplen, jedoch enorm tiefgreifenden Fragen entschärfen kann. Sie sagt: *"Entweder man klammert sich an seine Gedanken oder man überprüft sie."* Und zwar mit Hilfe der folgenden Fragen:

1. Ist es wahr, was du denkst?
2. Kannst du absolut sicher sein, dass es wahr ist?
3. Wie reagierst du auf diesen Gedanken?
4. Wer wärst du ohne diesen Gedanken?

Anschließend empfiehlt Katie, die Aussagen der Gedanken in ihr Gegenteil umzukehren.

"Wenn Sie erkennen, auf welche Weise Sie anderen gepredigt haben, sollten Sie den anderen jetzt eingestehen, wie schwer es Ihnen fällt, selber das zu tun, was Sie von ihnen verlangt haben. Teilen Sie ihnen mit, auf welche Weise Sie sie manipuliert und reingelegt haben, wie Sie wütend geworden sind, Sex, Geld und Schuldgefühle benutzt haben, um zu bekommen, was Sie wollten."

Mit Hilfe der "vier Fragen" von Byron Katie die Verantwortung zu übernehmen, ist eine wirksame Methode, um unser Ego zu entlarven und uns aus dem Bann des Ärgers und von großer Traurigkeit zu befreien.

Vorsicht Verwechslungsgefahr: Liebesfieber und Helfersyndrom

L iebessüchtige Frauen suchen sich nicht nur häufig Männer aus, die in große Probleme verstrickt sind – sie haben in der Regel auch besonders viel Talent, sich in diese hineinziehen zu lassen. Entweder steckt der Herzallerliebste in einer Sucht fest, ist zum Beispiel ein Workaholic, spielsüchtig, Alkoholiker oder anderweitig drogensüchtig. Oder aber er ist arbeitslos, depressiv und weiß nicht viel mit seinem Leben anzufangen.

Sofort erwacht unser Helfersyndrom und versucht, ihn zu therapieren. Klar bezahlen wir seine Schulden, selbstverständlich haben wir dafür Verständnis, dass er sich noch nicht für einen Entzug bereit fühlt. Sicher sind wir für ihn da, wenn er uns braucht. Schließlich lieben wir ihn ja so sehr. Bis zu dem Moment, in dem die Katastrophe passiert, machen wir artig bei dem Spielchen mit und geben die attraktive Krankenschwester. Warum? Weil wir ihn tatsächlich so sehr lieben?

Liebe spielt dabei leider oft die geringste Rolle, auch wenn es nicht so scheinen mag. Wäre es Liebe, würde eine Frau ihren Partner nicht aus einer starken Erwartungshaltung heraus dazu drängen, etwas zu ändern, sondern sie würde ihm etwas von ihrer liebevollen Energie abgeben, die sie selbst glücklich macht – ohne etwas dafür zurückzuverlangen oder klammheimlich zu erwarten.

Doch das ist nicht der Fall. Wie sie für sich selbst ein glückliches und erfülltes Dasein erschaffen kann, ist einer Frau, die "zu sehr liebt", in Wirklichkeit ein großes Rätsel. Dennoch gibt sie ihm Tipps, Anweisungen oder Hinweise, was *er* tun soll, um sein Problem zu lösen. Entweder sie jammert und klagt, dass er so ist, wie er ist, oder sie versucht schlicht, ihm alles abzunehmen. Zwischen beiden gilt häufig eine Art stillschweigende Vereinbarung, dass sie mehr gibt, als sie von ihm bekommt. Warum? Ist das so erfüllend? Ist sie so selbstlos?

Mitgefühl hat sie sicherlich – doch es gibt noch wesentlichere Gründe, die sie zu dieser Unterstützung ihres Mannes anstiften:

... weil seine Probleme sie selbst belasten und stören.

... weil sie sich durch die Konzentration auf ihn von ihren eigenen Problemen ablenken kann.

... weil sie besser dasteht als er, wenn sie ihm zeigt, wo es langgeht – zumindest scheint es so.

... weil sie bewusst oder unbewusst hofft, belohnt zu werden.

... weil sie ihre Kindheitsprogrammierung dadurch wiederholt.

... weil sie unbewusst das auf den anderen projiziert, was sie in sich selbst zu lösen hat.

Das funktioniert hervorragend – für eine kurze Weile. Die unbewusste und hauptsächliche Motivation des Helfersyndroms liegt aber darin, sich unentbehrlich zu machen und ihn auf diese Weise an sich zu binden! Sie sucht Liebe und Anerkennung auf dem Umweg über ihre Zuwendung für ihn und seine Probleme. Ihr Einsatz soll ihm zeigen, wie liebenswert und wertvoll sie ist. Nur durch ihre Hilfeleistung kommt er wieder auf die Füße – so glaubt sie. Wenigstens bis zum nächsten Absturz. Nur durch ihre gute Helferseele und "Liebe" kann er wieder Land sehen – so hofft sie insgeheim. Denn sie kann sich nicht vorstellen, dass jemand sie einfach so lieben könnte, wie sie ist.

Sie sieht sich als die gute Fee, auf die der arme Kerl die ganze Zeit gewartet hat – und er, der Undankbare, merkt es nicht! Dabei braucht er doch dringend ihre Hilfe! Wenn sie ihn erst einmal geheilt hat und er sein Leben wieder auf die Reihe kriegt, wird er erkennen, wer sie wirklich ist – so spekuliert sie. Er wird ihr dankbar sein und sehen, wie sehr er sie braucht. Und dann wird er sich endlich in den Prinzen verwandeln, den sie schon die ganze Zeit in ihm gesehen hat!

Natürlich brauchen Männer auch Wärme und Fürsorge, sonst würden sie sich kaum Frauen aussuchen, die den Hang und die Fähigkeit zum Helfen haben. Jedoch wünschen sie sich diese Aufmerksamkeit meist nur in Maßen, ohne Bemutterung, Bevormundung oder Übereifer. Und vor allem: ohne unterschwellige Erwartungen oder eine gewisse Berechnung. Ihnen selbst ist das Geben kein zentrales Anliegen. Sie hatten meist als Kind das Problem, zu jung zu viel Verantwortung tragen zu müssen, und geben daher mehr aus Pflicht- und zwingendem Verantwortungsgefühl als aus einem aufrichtigen Wunsch heraus. Sie haben nicht nur ein Problem damit, Hilfe anzunehmen, sie geben im Gegenzug auch nicht viel oder sogar gar nichts zurück! Manch einer nutzt uns schlicht hemmungslos aus. So erzählt Jennifer:

"Jan stand plötzlich vor der Tür und flehte mich an, ihm bei seinem Heroinentzug beizustehen. Er warf sogar sein letztes Gramm Stoff aus dem Fenster, um mir zu beweisen, dass es ihm ernst war. Zwei Tage lang lag er schwitzend, weinend und zitternd in meiner Wohnung, und ich hielt ihn wie ein kleines Baby in den Armen. Als ich am dritten Tag kurz die Wohnung verließ und vergaß, ihn einzuschließen, war er weg. Mit ihm meine Lederjacke und 400 Euro. Ich habe ihn seitdem nicht mehr wiedergesehen."

Dass der Glaube, ihn retten zu können und dafür in seiner Gunst aufzusteigen, ein schwerer Irrtum ist, muss Mrs. Superwoman immer wieder schmerzlich erfahren. Denn erstens ändert er sich nicht, obwohl sie sich so sehr um ihn kümmert, und zweitens dankt er es ihr nicht. Im Gegenteil! Genervt zieht er sich in seinen inneren Panzer mit der Aufschrift *"Keinen Schritt weiter!"* zurück.

Wie kann es sein, dass all ihre Versuche, ihm zu helfen, nichts bringen? Sie zahlt seine Spielschulden, und er hört trotzdem nicht auf zu spielen. Sie besorgt ihm einen Therapieplatz – er geht nicht hin. Sie kauft Konzertkarten – er kommt nicht! Sie macht alles (was *er* eigentlich tun sollte) – und dennoch: von positiver Resonanz seinerseits keine Spur. Wie ungerecht! Soll das etwa heißen, Fürsorge hätte nichts mit Liebe zu tun? Zu tun schon, aber die zugrunde liegende Motivation ist entscheidend.

Warum setzt du dich so sehr als Therapeutin für ihn ein? Aus lauter Liebe? Bist du sicher? Ich behaupte mal ganz frech: Schön wär's! Mitgefühl mag eine Nebenrolle spielen, doch eigentlich geht es uns nur um uns selbst. Wir *brauchen* es, den anderen zu therapieren. Zum einen, um vom eigenen Leben abzulenken, zum anderen, um uns besser zu fühlen und aufzuwerten. So gesehen ist unser Einsatz für den anderen sogar paradoxerweise egoistisch!

"Ich und egoistisch?", wirst du mir jetzt vielleicht empört entgegnen! *"Von wegen, ich bin doch Mutter Teresa in Person, und das ist mein Problem!"* Ja, das ist dein Problem. Aber nicht etwa, weil du den Namen "Teresa" trägst und altruistisch handelst. Fehlanzeige. Es ist ja verständlich, dass du ihm helfen möchtest – aber da du oft noch nicht einmal in der Lage bist, dir selbst zu helfen, befindest du dich auf der falschen Baustelle! Deine Hingabe in allen Ehren, doch bist du dir selbst gegenüber genauso hingebungsvoll? Versuchst du nicht eher, mit deinem Einsatz etwas von ihm zurückzubekommen? Etwas, das du dir selbst nicht zu geben vermagst? Hier liegt doch die eigentliche Ursache! In

Wirklichkeit setzt du dich doch deswegen so sehr für ihn ein, weil du hoffst, er würde sich dann endlich verändern und sich dir widmen. Du hoffst, dass es nur seine Probleme sind, die ihn so unnahbar machen. Also gilt es, diese zu beheben. In Wirklichkeit braucht er seine Probleme, Süchte oder was auch immer schon allein als Alibi, um nicht hinreichend für dich da sein zu müssen. Arbeitssucht ist letztlich auch so ein beliebtes Ablenkungsmanöver. Ein Mann, der mit seinem Schreibtisch erheblich mehr Zeit als mit dir verbringt, ist auf der Flucht vor dir, vor allem jedoch vor einem Teil in sich selbst. Den Preis für solch ein Leben muss er selbst zahlen. Es ist allein seine Entscheidung, ob und wie lange er auf diese Weise leben möchte.

Du meinst, *Geben* sei nicht dein Problem, schließlich seist du ja daran gewöhnt, deinen Partnern immer zu geben. Doch mit welcher inneren Haltung? Geben, geben, geben – bis der Arzt kommt. Du verausgabst dich für Gott und die Welt und bist vielleicht sogar der Auffassung, dies sei deine Aufgabe. Mag ja sein, wenn du darin aufgehst. Wenn es dich von Herzen glücklich macht und das Glück des anderen auch dein Glück ist. Dann gibt es keine Trennung, und dein Geben ist mit Sicherheit eine wundervolle Angelegenheit. Es ist eine Gabe, auf diese Weise geben zu können.

Das Helfersyndrom ist aber nicht einfach so zu verstehen, dass du nur eine gute Helferseele bist, sondern vielmehr, dass du zwanghaft glaubst, du *müsstest* geben, um etwas zu bekommen, genauer: *um geliebt zu werden*. Daher machst du dich unentbehrlich. Es ist der unbewusste Versuch, dich aufzuwerten und dich durch dein Helfen vorm Verlassenwerden zu schützen.

"Ist Selbstsucht wirklich dasselbe wie Selbstliebe, oder ist die Selbstsucht nicht gerade die Folge davon, dass es ihr an Selbstliebe fehlt?"

Erich Fromm

Selbstsüchtig heißt hier nicht, dass du nur an dich denkst. Im Gegenteil: Du vernachlässigst dich sogar und denkst mehr an die anderen als an dich. Das Ego ist in der Angst zu Hause – der Angst, mit deinen Bedürfnissen auf der Strecke zu bleiben. Dir mangelt es an einem Selbstwertgefühl, das selbstverständlich davon ausgeht, dass sich andere für dich und deine Belange einsetzen. Liebe wohnt nicht in der Angst, sondern vermag sie zu überstrahlen. Ängste schmelzen im Angesicht wahrhaftiger Liebe dahin wie Eiszapfen in der Morgensonne. Leider ist genau das der Knackpunkt! Was ist mit dir? Wann kümmerst du dich um dich? Wann gibst du dir das, was du dir von anderen erhoffst? Wenn du damit anfängst, wird auch deine Umgebung diese Fürsorge verstärken. Wenn du dich stattdessen übergehst, wirst du von anderen auch übergangen werden.

Allen liebesbedürftigen Frauen mangelt es massiv an einem lebendigen und aufrichtigen Gefühl von Selbstwert. Sie haben gelernt, dass andere wichtiger sind als sie – und auch dass sie kurzfristige Aufmerksamkeit erhalten, wenn sie die starke Frau für den angeschlagenen Mann spielen. Also kümmern sie sich nicht um sich, sondern um einen Mann, der unbedingt ihrer Rettung bedarf. Kommt dir das bekannt vor? Du drängst deinem Partner Ratschläge auf, die er gar nicht hören, geschweige denn annehmen möchte. Du versuchst ihn zu belehren, zu beschützen und zu unterstützen. Ohne Erfolg. Für ihn tust du alles. Nur dir selbst gegenüber verweigerst du jede Hilfeleistung. Und obwohl du siehst, dass dein Einsatz wenig Früchte trägt (Alkoholiker hören nicht auf zu trinken, weil du es ihnen vorbetest), kannst du es nicht lassen, die Therapeutin zu spielen.

Damit sagst du dir unterbewusst: *"Alle bis auf mich sind es wert, von mir unterstützt und geschätzt zu werden!"* Und genau durch diese innere Affirmation bekommst du einen perfekten Spiegel vorgehalten. Allen geht es besser als dir! Eine ziemliche

Energieverschwendung, die die Hauptperson – nämlich dich – verfehlt. Du übersiehst dich selbst und wirst mit deinen Bedürfnissen übersehen. Und danken wird dir auch kaum jemand für deinen Einsatz. Dein Partner und deine Freunde sind ja von dir regelrecht darauf programmiert, dich als Starke zu sehen, die keiner Hilfe bedarf. Ein klarer Fall von Selbstsabotage, immer nur die starke Frau zu geben. Lässt du es zu, einmal schwach zu sein, laufen die meisten schreiend davon.

Jasmin: *"Es lief alles ganz gut bis zu dem Tag, als ich mit Gipsbein auf Krücken vor ihm stand. Da ist er irritiert abgetaucht."*

Jasmin kann ein Lied davon singen, was in der Beziehung mit einem Verantwortungsflüchtling passieren kann, wenn sie die "normale" Erwartung zulässt, vom anderen unterstützt zu werden. Wäre es für sie selbstverständlich, Hilfe vom männlichen Geschlecht zu bekommen, dann würde sie genauso selbstverständlich liebevoll unterstützt. Wenn wir uns jedoch immer nur fragen, wie wir anderen helfen können, uns dabei aber selbst vergessen oder aus falschem Stolz so tun, als ginge es uns gut, belügen wir uns und andere, indem wir so tun, als fehle es uns an nichts! Denn wenn es uns doch so gut geht, woher kommt dann unsere ausgeprägte Bedürftigkeit? Wir gehen nicht unseren Weg und verweigern uns die Unterstützung, die wir doch eigentlich bitter nötig hätten. Noch schlimmer: Wir verleugnen unser Leben, indem wir so tun, als benötigten wir keine Unterstützung. Nehmen und Annehmen bleiben auf diese Weise Fremdwörter für uns.

Dramen, Katastrophen, Krankheiten, tiefe Leere und Traurigkeit entstehen, wenn du dein Leben und deine dir angeborenen Talente nicht ausschöpfst und dich hinter deinem Einsatz für andere versteckst. Leuchtet das ein? Falls ja: Wann fängst du damit an, dich um dich selbst und deine Wünsche zu kümmern? Dich dir selbst zu widmen und damit einen "gesunden Egoismus" zu entwickeln?

"Die Liebe übt Nachsicht; in Güte handelt die Liebe. Sie eifert nicht; die Liebe macht sich nicht groß, sie bläht sich nicht auf. Sie benimmt sich nicht ungehörig; sie sucht nicht das Ihre; sie lässt sich nicht erbittern; sie rechnet das Böse nicht an. Sie hat nicht die Freude am Unrecht, freut sich jedoch an der Wahrheit. Sie erträgt alles, sie glaubt alles, sie duldet alles."

Das Hohe Lied der Liebe, 1 Korinther 13, 4-7

Hier wird eine Liebe beschrieben, die keinesfalls alltäglich ist. Sie eignet sich daher auch hervorragend dazu, missverstanden zu werden. Klingt der Vers doch zunächst nach einer demütigen Person, die alles schluckt, nicht aufmuckt und nichts verlangt. Insofern könnten diese Zeilen auch das untertänige Verhalten einer Liebessüchtigen beschreiben und nicht das eines liebenden Herzens, das vor Nächstenliebe überläuft. Es gibt hier jedoch einen entscheidenden Unterschied. In *Das Hohe Lied der Liebe* geht es um die Größe und Kraft wahrhaftiger Liebe und deren Fähigkeit, sich mit aufrichtigem Mitgefühl über Widrigkeiten, Fehler und Abgründe der Mitmenschen hinwegzusetzen. Hier ist von einer Liebe die Rede, die größer ist als alle intensiven Gefühle des Abgetrenntseins, die Verhaltensweisen wie "Helfen um jeden Preis" oder abhängiges Erbetteln von Aufmerksamkeit nach sich ziehen können.

Wie willst du jemandem helfen, wenn du dich schwach fühlst und selbst nicht aufrecht im Leben stehst? Wenn du krank bist, gehörst du ins Bett! Nicht auf die Straße in den Einsatz für andere. Du steckst sie nur an!

Das Entscheidende ist, dass du ein eigenes erfülltes Leben haben musst, um das tun zu können. Wenn du eine große Pizza hast, kannst du auch Stücke davon selbstlos verteilen. Ist dein Teller allerdings leer und versuchst du, anderen nur deshalb zu helfen, damit zur Belohnung etwas auf deinem eigenen Teller landet, dann hat das nichts mit Selbstlosigkeit, sondern vielmehr mit Hunger nach Liebe und Aufmerksamkeit zu tun.

Liebessüchtige haben – auch wenn sie dies gut verbergen können – eher ein wackeliges Dasein, das von enormen emotionalen Höhen und Tiefen geprägt ist. Sie lassen sich vom Verhalten der Menschen in ihrem Umfeld manipulieren und versuchen im Gegenzug, diese durch ihr eigenes Verhalten zu kontrollieren.

Der Hauptunterschied zwischen bedingungsloser Liebe und Liebesabhängigkeit liegt für mich in der Motivation. Sucht ist ein reaktiver Zustand, dessen Wurzel in Leere und mangelnder Selbstachtung, häufig aufgrund von vergangenen Missbräuchen und Kränkungen, liegt. Helfen wird dabei oft mit dem Wunsch, gebraucht zu werden, verwechselt. Man möchte für seinen Einsatz für andere aufgewertet und belohnt werden. Wenn du dir selbst aus diesem Dilemma heraushelfen möchtest, tust du gut daran, dich den möglichen Ursachen zu widmen, die es immer wieder hervorbringen. Sie sind komplex, lassen sich aber durchschauen und – mit bewusster Widmung an dein Unterbewusstsein – sogar transformieren. Im zweiten und dritten Teil dieses Buches werden wir verschiedene Aspekte dazu vertiefen. Eines vorweg: Das Zauberwort für deine Befreiung aus ungewollten Verhaltensmustern heißt Selbstliebe.

Teil II:

Ursachen

Spieglein, Spieglein an der Wand ...

Die Spiegelfunktion in Beziehungen

"Ich beginne, die Spiegelung meiner selbst in Andreas zu erkennen. Auch ich reagiere mit großem Unmut bis hin zur Unfreundlichkeit, wenn ich mich durch starke Erwartungen anderer bedrängt fühle. Zum Beispiel in der Beziehung zu meinen Eltern sowie damals durch Stefan, jüngst durch Ralf, zeitweise durch Ingo, manchmal durch Jürgen. Und das spiegelt Andreas mir jetzt umgekehrt: Auch er fühlt sich durch meine Erwartungshaltung schlicht vereinnahmt, selbst wenn ich gar nichts wirklich Klammerndes tue oder sage – er ist so feinfühlig, dass er diese Erwartungen in mir subtil spüren kann. Darum taucht er in meinem Erlebniskosmos auch nur dann auf, wenn ich nichts mehr von ihm erwarte. Das spürt er unterbewusst."*

Clarissa erlebt, dass ihr Geliebter offener und liebevoller auf sie zukommt, sobald sie keine Erwartungen an ihn hat. Schmachtet sie hingegen voll bedürftiger Sehnsucht nach ihm, hält er sich vornehm zurück, selbst wenn sie ihre Bedürftigkeit gar nicht artikuliert. Sie hat Einsicht in die sogenannte Spiegelfunktion. Ein Phänomen, das in den vergangenen Jahren bereits vielen Menschen eindringlich zu Bewusstsein gekommen ist.

Beziehungen spiegeln uns die komplexen Teilaspekte unser selbst. Was wir empfinden und glauben (meist auch unbewusst), manifestiert sich im Miteinander. Besonders Liebesbeziehungen geben uns ein direktes Feedback auf den jeweiligen Gemütszustand, in dem wir uns befinden.

Je nachdem, wie bewusst wir sind, können wir in der Beziehung zu anderen erkennen, inwieweit wir in Harmonie mit den verschiedenen Facetten unser selbst sind. Durch die Konfrontation mit anderen wird deutlich, welche Anteile unser selbst wir noch nicht mögen, geschweige denn lieben. So gesehen dienen uns Beziehungen dazu, unser Innenleben zu reflektieren – allerdings nur dann, wenn wir genau hinsehen wollen: und zwar bei uns selbst. Wir können an diesen Herausforderungen wachsen, wenn wir sie als ein Geschenk annehmen, um uns zu entwickeln. Doch diese Einstellung haben die wenigsten. Obwohl das Prinzip der Spiegelfunktion mittlerweile weitläufig bekannt ist, verhalten wir uns immer noch so, als seien es die anderen, die sich verändern müssten, wenn uns ihr Verhalten nicht gefällt. Das mag daran liegen, dass wir lieber mit dem Finger auf andere zeigen, als nach unserem eigenen Anteil zu forschen. Selbstreflexion statt der simplen Anklage, dass "er" an allem schuld sei, ist ja auch mit Mühe verbunden. Ganz zu schweigen von der Bereitschaft, über den eigenen Schatten zu springen. Unsere Emotionen sind meist zu stark, um einen kühlen Kopf zu bewahren. Das allgemeine Fazit lautet daher schlicht: "Du bist das Problem!"

Die Frage ist jedoch, inwieweit eine glückliche Entwicklung möglich ist, wenn man es sich so einfach macht. Die Hauptursache für Unglück ist mit dieser Tendenz verbunden, alles von außen – getrennt von uns selbst – zu betrachten und sich vom Lebensstrom abgeschnitten zu fühlen. Diese Trennung scheint sehr real zu sein, doch in Wirklichkeit gibt es sie nicht. Trennung ist eine Täuschung. Vielmehr ist das Leben wie ein unsichtbares Netz, das uns mit allem verbindet. Wir fühlen uns gut oder schlecht gelaunt, je nach Wetterlage. Die Gravitationskraft von Mond und Sternen übt einen messbaren Einfluss auf uns aus, niemand kann sich dem entziehen. Nichts im Universum steht für sich allein, alles steht miteinander in Zusammenhang. Alles ist eins und aus dem gleichen vollkommenen Material, ausgestattet mit zwei Polen: dem positiven und dem negativen. Nichts ist nur das Eine oder das Andere. Es existiert immer nur beides zusammen. Unser Leben ist vollkommen, und wir sind mit allem verbunden. Alles, was innen ist, ist auch außen sichtbar. So gesehen gibt es keine Trennung zwischen dem "Du" und dem "Ich".

Ursache – Wirkung

Ich glaube an die Gesetzmäßigkeit von Ursache und Wirkung, die besagt, dass wir alles, was in uns ist, auch aussenden. Unsere Gedanken, Worte und Taten verursachen eine Resonanz in uns und anderen. So gesehen gibt es keine Zufälle, sondern Gründe, warum wir genau diejenigen Menschen anziehen, die unsere "Knöpfe" drücken. Unser Leben ist eine Bühne. Für alles, was wir erleben, setzen wir Ursachen und ernten Wirkungen, ob wir uns dessen bewusst sind oder nicht. Das ist damit gemeint, wenn wir vom "Film unseres Lebens" sprechen.

Über kurz oder lang werden wir vom Leben aufgefordert, uns unseren Beteiligungen zu stellen. Sieh dir den Film an, den du vor deinen Augen abspielen lässt. Unser Leben ist ein Produkt von genau dem, was wir kreiert beziehungsweise verursacht haben. Das mag uns zuweilen als ein hartes und unbequemes Konzept erscheinen, jedoch schenkt es uns Freiheit und Selbstverantwortung.

Die Frage lautet dann also nicht mehr: *"Wie sind meine momentanen Umstände?"*, sondern: *"Wie habe ich diese erschaffen und wie nutze ich meine augenblickliche Situation für Wachstum und eine positive Veränderung der Situation?"*

Mit einem dynamischen Geist der Selbstverantwortlichkeit brauchen wir kein Opfer der Umstände mehr zu sein, denn wir haben immer die Wahl, wie wir unser Leben gestalten.

Wann immer wir uns von dem berührt fühlen, was andere tun, haben wir einen Anteil an dem, was andere ausagieren. Eigenverantwortlich zu leben bedeutet, diese innere Beteiligung und die Projektion auf die Außenwelt zu erkennen und zurückzunehmen. Um die eigenen Schwächen und Stärken zu erkennen, bedarf es der Bereitschaft, immer wieder aufs Neue bei sich selbst anzufangen und sich selbst zum Ausgangspunkt zu machen.

Das ist alles andere als leicht, weil unser Ego uns einredet, das Verhalten anderer habe nichts mit uns zu tun. Es lohnt sich jedoch, diese Ego-Verführung zu hinterfragen und ehrlicher mit sich zu sein. Auf diese Weise können sich Konflikte mit Mitmenschen auflösen, einfach indem wir selbst zur Ursache der Lösung werden – auf die wir lange vergebens gewartet haben. Das eigene Ego immer wieder neu zu überwinden, ist die Bedingung dafür, Leiden und Probleme zum Positiven zu wenden. Es geht also nicht darum, passiv zu bleiben und über die schlechten Umstände zu klagen, sondern die wichtige Botschaft ist: Wir können unsere Umgebung beeinflussen, indem wir zur Ursache der Lösung werden!

Es ist sicherlich nicht einfach, doch sehr befreiend, die innere Beteiligung an bestimmten Lernaufgaben im Leben zu erkennen. Durchschaut man sie nicht, wird sich immer wieder das gleiche Drama abspielen. Das Abgeben der Eigenverantwortung macht die Beziehung zu einem komplizierten Irrgarten. Der Glaube an Trennung wird unausweichlich Leid erzeugen.

Wer sein Leben nicht als eine Aneinanderreihung von "Zufällen" sieht, sondern den roten Faden der inneren Zusammenhänge erkennt, wird – früher oder später – bestimmte Verhaltensmuster und Prägungen in sich finden, die bestimmte Herausforderung ursächlich und unbewusst angezogen haben. Wir alle spulen unbewusst Prägungen aus der Vergangenheit ab, seien es positive oder negative. Die Kunst ist, selbst aktiv die Ursache für die Empfindung von Liebe zu sein und sie auszustrahlen.

Das gelingt umso leichter, je stärker wir uns in Selbstwertschätzung üben und uns dem eigenen Wohlergehen widmen. Nimmst du dich liebevoll an, wird deine Umgebung diese Annahme widerspiegeln. Bist du mit der Liebe, der Quelle in dir verbunden und fühlst das Glück dieser Verbundenheit, ist es – nach dem Gesetz der Spiegelung – unmöglich, nicht geliebt zu werden. Liebe zieht Liebe an. Lehnst du dich ab, wird diese Ablehnung sich ebenfalls manifestieren. Bedürftigkeit zieht Bedürftigkeit an. Sehnsucht schafft Sehnsucht.

Die Liebe zu uns selbst hat also immer einen wesentlichen Einfluss darauf, mit welcher Stimmung und Schwingung wir durchs Leben gehen. Sie bestimmt entscheidend mit, ob wir ein eher glückliches oder trauriges Dasein führen. Je mehr wir uns selbst annehmen, desto weniger erwarten wir Wertschätzung von anderen – und bekommen sie genau deswegen, weil wir sie nicht auf bedürftige Weise suchen und damit eine gelassene Ausstrahlung haben. Denn die Hauptperson unseres Lebens hat ja bereits JA zu uns gesagt.

Die Beziehung zwischen uns und unserer Umwelt ist so eng wie die des Körpers zu seinem Schatten. Ein Schatten ist nicht einfach so da, sondern sieht dem Körper, der ihn wirft, ziemlich ähnlich. Es gibt dicke Schatten, dünne Schatten, große, kleine – sie sind so verschieden wie die Menschen, die sie werfen. Der Schatten ist nicht identisch mit dem Körper, er ist etwas anderes – aber er spiegelt den Körper wider. Ohne ihn würde es diesen Schatten nicht geben.

Auch unsere Schattenseiten gehören zu uns! Genauso verhält es sich mit Mensch und Umgebung: Sie sind nicht identisch, doch die Umgebung gibt den Lebenszustand des Menschen wieder.

Wenn du dich in deiner Umgebung oder mit einem Gegenüber unglücklich fühlst, ist es, als würde dir jemand den Spiegel vorhalten mit der Aufforderung: *"Mädchen, mach doch jetzt mal was anderes! Ergreife die Initiative und ändere dich!"* Indem du bei dir anfängst, änderst du damit auch deine Umstände, die dir nur widerspiegeln, wie es in *dir* aussieht!

Jedem Problem wohnt die Lösung bereits inne. Die Kunst ist, sie zu finden. Auch wenn es dir paradox erscheinen mag: Die Liebe, die du suchst, ist bereits in dir. Suche dein Licht nicht in einem anderen, schon gar nicht bei Menschen, die ebenso verwundet sind wie du. Sie dienen dir mit großer Wahrscheinlichkeit als Spiegel eines Aspektes von dir, den du bisher nicht annehmen konntest und vielleicht auch nicht wahrhaben wolltest. Die Voraussetzung für die Lösung einer problematischen Situation ist also, dass du sie *im eigenen Leben* suchst. Es erfordert Mut, in die Tiefe zu gehen und sich einzugestehen, dass *wir* es sind, die das Drama unseres Lebens schreiben.

Übung

Herzheilung – der W-Fragen-Alarm

Wenn du Probleme mit deinem Partner hast, geht es also weniger um sein als um dein eigenes Verhalten, deine Gedanken, Worte und Überzeugungen. Welche inneren Ursachen setzt du, die dafür sorgen, dass dein Partner sich dir gegenüber verschließt oder sich von dir abwendet? Vielleicht hegst du heimliche Überzeugungen wie: *"Ich finde es in Ordnung, eifersüchtig und besitzergreifend zu sein. Ich habe schließlich allein Grund dazu!"* Wenn du wieder einmal an Eifersucht oder Verlustangst leidest, spüre in diese Emotionen hinein. Ziemlich lieblos, die Stimme des Zweifels und der Angst, oder? Unser hartnäckiger Zweifel ist wie ein lästiger Ohrwurm. Er wirkt permanent mit Negativaussagen auf uns ein. Und so lieblos, wie er zu uns ist, sind wir auch mit unserem Partner. Weißt du, wie es sich anfühlt, wenn du deinen Partner in die Enge treibst, weil du keine andere Strategie hast? Vielleicht hilft dir eine kleine Übung dabei zu erleben, wie es sich anfühlt, so bedrängt zu werden. Ich nenne sie den *"W-Fragen-Alarm"*. Bitte einen Freund oder eine Freundin, diese Übung mit dir gemeinsam zu machen.

Stellt euch voreinander auf. Im Wechsel schweigt eine/r von euch (ca. 60 Sekunden), während der/die andere so viele möglichst unangenehme W-Fragen (*Wieso?, Weshalb?, Warum?*) wie möglich stellt. Zum Beispiel:

"Wo bist du gewesen? Was hast du dir dabei gedacht? Wie lange muss ich noch warten, bis du ... Wann änderst du dich endlich? Warum kommt du immer zu spät? Wie stellst du dir die Zukunft mit mir vor? Wie soll das nur mit uns weitergehen? Wieso redest du nicht mit mir? Warum sagst du mir nicht, dass du mich liebst?"

Deine Freundin steht einfach da, schaut dich an und nimmt hin, was vor sich geht, ohne sich zu den Fragen zu äußern. Dann wechselt ihr die Positionen. Wenn ihr beide Rollen durchgespielt habt, erzählt euch möglichst genau von euren Gefühlen während der Übung.

Wie war es, all diese Fragen gestellt zu bekommen und nicht antworten zu dürfen? Was war das für ein Gefühl, den anderen auszufragen? Möchtest du so behandelt werden oder in Zukunft deinen Partner so behandeln? Wohl kaum.

Die Indianer sagen nicht ohne Grund: "Beurteile nie deinen Feind, bevor du nicht in seinen Mokassins gelaufen bist!"

Let's tango

Warum sich Liebesabhängige und Beziehungsflüchtlinge ergänzen

Wie wir im letzten Kapitel gesehen haben, sind Probleme mit unserem Partner letztlich Spiegelungen ungeheilter Anteile unser selbst. Spätestens wenn wir bemerken, dass wir jedes Mal wieder an dieselbe Sorte unnahbarer, beziehungsunfähiger Männer geraten, sollten wir uns fragen, was das eigentlich mit uns zu tun hat.

Eine der wesentlichsten Ursachen dafür, dass sie keine tragfähige Beziehung eingehen können, erkennen zuneigungshungrige Frauen meistens nicht, denn sie ist tief in ihrem Unterbewusstsein vergraben und lautet: Bindungsangst! Unbewusst haben sie genau die gleichen Bindungsängste wie die Ladykiller!

"Wie bitte? Ich soll Bindungsängste haben? Was für ein Quatsch, ich will doch nichts mehr als eine funktionierende Beziehung!", sagen sie aufgebracht.

Und warum suchen sie sich dann immer ausgerechnet einen Mann aus, der keine wirkliche Nähe zulassen kann? Weil sie selbst eine tiefe, ungeahnte Angst vor Vereinnahmung haben! Von der sie zwar nichts wissen, die aber dennoch ihr Leben dirigiert! Aus ihrem Unterbewusstsein!

Nicole: *"Er hat insgesamt so viele Schwächen, dass vielleicht seine einzige Stärke und Macht über mich darin besteht, sich so rar zu machen, so unnahbar zu sein!"*

Indem sich Frauen wie Nicole einen unnahbaren Partner aussuchen, stellen sie sicher, dass der Angebetete ihnen niemals wirklich zu nahe kommen wird. Daher müssen sie sich auch nie wirklich auf jemanden einlassen, obwohl sie doch behaupten, eine feste Bindung sei das, was sie sich sehnlichst wünschen. Weit gefehlt! In Wirklichkeit fürchten sie sich vor wahrer Nähe, denn das ist etwas, was sie gar nicht kennen! Sie haben zwar ein großes Bedürfnis danach, doch gleichzeitig wissen sie nicht, wie man eine solche Nähe lebt. Um es mit den Worten von Marlene Dietrich zu sagen: *"Träume sind nur schön, solang' sie unerreichbar sind!"*

Pia Mellody, eine amerikanische Pionierin und Expertin in Sachen Liebesabhängigkeit, beschreibt genau, wie Liebesabhängige ticken. Ihr zufolge ist unsere größte "bewusste" Angst die vor dem Verlassenwerden, und wir tolerieren fast alles, um zu verhindern, dass dies geschieht. Die Ironie hierbei ist, dass dem Liebesabhängigen nicht klar ist, dass solch ein Klammern rein gar nichts mit einer gesunden Zweisamkeit gemein hat. Davor fürchtet er oder sie sich nämlich – unbewusst.

Während Liebessüchtige denken, dass sie nach einer engen Beziehung suchen, sind sie in Wirklichkeit verschreckt, wenn sie eine solche angeboten bekommen, denn sie wissen nicht, wie sie damit umgehen sollen. Bei einem bestimmten Grad an Nähe geraten sie regelrecht in Panik und tun etwas, um erneut Distanz zum Partner zu schaffen.

Diese beiden Ängste – die bewusste vor dem Verlassenwerden und die unbewusste Angst vor Nähe – sind das selbstzerstörerische Dilemma der Liebesabhängigen. Einerseits möchten sie unbedingt eine feste Beziehung, andererseits können sie im Grunde keine gesunde Nähe aushalten und sind sich dessen tragischerweise nicht einmal bewusst. Daher suchen sie sich unbewusst immer Partner aus, die ihnen diese Nähe garantiert nicht geben können, die sich suchthaft verweigern. Sie fürchten nichts mehr, als zu sehr vereinnahmt zu werden, denn als Kind haben sie dies als äußerst unangenehm erfahren. Wir werden darauf im nächsten Kapitel noch ausführlich eingehen.

Spielen wir dieses Spiel mit der Angst vor Nähe einmal an einem Beispiel durch: Ich nenne die weibliche Liebesabhängige hier "Lucy" und den männlichen Verweigerungsabhängigen "Viktor". (Oft sind die Rollen auf diese Weise besetzt, es gibt jedoch auch männliche "Lucys" und weibliche "Viktors".) Treffen die beiden aufeinander, verlieben sie sich meistens auf den ersten Blick. Auf jeden Fall ist eine starke Anziehung zwischen ihnen vorhanden, weil sie sich – oberflächlich betrachtet – genau mit dem versorgen können, was sie suchen. Doch das ist leider nur scheinbar so. Die Liebessüchtige sieht im Unnahbaren das Objekt ihrer Begierde und idealisiert ihn. Endlich ist der Held da, der Supermann, der Prinz, der mit dem gewissen Etwas. Dieses "gewisse Etwas" ist jedoch die Unnahbarkeit, die auf Lucy fatalerweise eine starke Faszination und Anziehungskraft ausübt.

Viktor, der nur scheinbar ein starkes Selbstbewusstsein hat, gefällt es zunächst, vergöttert zu werden, denn auf diese Weise fühlt er sich geliebt, und sein Ego wird enorm aufgewertet. Er mag daher die Rolle des unnahbaren Superhelden, durch die er an Bedeutung gewinnt und Aufmerksamkeit erhält.

Es dauert jedoch nicht lange, da setzt Lucys Muster ein: Es reicht ihr nicht mehr, ihn im Stillen zu bewundern und auf seine Anrufe zu warten. Sie will ihren Geliebten öfter sehen und immer mehr Zeit mit ihm verbringen. Das jedoch kann und will Viktor nicht leisten, und er zieht sich daher langsam, aber sicher zurück. Andere Aktivitäten und Menschen scheinen ihm viel wichtiger zu sein als das Zusammensein mit Lucy. Diese wiederum fühlt sich gekränkt, zurückgewiesen und frustriert. Statt das Weite zu suchen, beginnt sie, noch mehr zu klammern, und je mehr sie fordert, desto eindeutiger wird seine Abfuhr.

Wird es Lucy schließlich zu bunt, weil ihr Stolz es ihr verbietet, ihm weiter hinterherzulaufen, versucht sie es mit einer Strategie: Sie meldet sich eine Woche lang nicht mehr – auch wenn es ihr schwerfällt. Zunächst ist Viktor das nur recht, denn er fühlt sich von ihrem Druck befreit. Doch nach ein paar Tagen wird ihm dieses Verhalten suspekt. Was ist geschehen? Wieso meldet sie sich nicht mehr? Ist da etwa ein anderer im Spiel? Ist sie gar dabei, sich zu "entlieben"? Diese Vorstellung beunruhigt ihn schon sehr. Zaghaft macht er einen Kontaktversuch, und zack ist Lucy wieder da! Sie hatte nur auf das kleinste Zeichen hinter verschlossenen Türen gelauert und die sich selbst auferlegte Distanz nicht etwa eingehalten, weil sie sich wirklich zurückziehen wollte, sondern aus rein strategischen Gründen heraus. Sofort stürzt sie sich wieder auf ihn. Mit Gebrüll! *"Er liebt mich, ich wusste es!"*, sagt sie sich nun und rennt begeistert und zielsicher auf den perplexen Viktor zu. Der wiederum, erschreckt und verwirrt, fühlt sich völlig überfahren, ergreift erneut die Flucht und versteckt sich vor zu viel Nähe und Forderungen, die er nicht erfüllen kann und will.

Auf diese Weise laufen die beiden hin und her, und wenn sie diesen Kreislauf nicht unterbrechen, dann treiben sie das Spielchen so lange weiter, bis es einem von beiden reicht. Meistens sind es die Lucys dieser Welt, die verlassen werden.

Sie heult in die Kissen, denn sie ist mal wieder verlassen worden, ohne zu verstehen, warum, und ohne das erlebt zu haben, wonach sie sich so sehr gesehnt hatte. Soweit die Beschreibung einer gar nicht so lustigen Liebesklamotte, die uns relativ bekannt vorkommt!

Betrachtet man die Ängste der beiden, dann wird ihr fast unlösbares Dilemma klar: Lucy leidet in ihrem Bewusstsein an großer Verlassensangst, während Viktor die Angst verspürt, zu sehr in Beschlag genommen zu werden. Unterbewusst sieht das erstaunlicherweise genau umgekehrt aus: Die Liebesabhängige hat hinter den Kulissen große Angst vor wirklicher Intimität, und der

Verweigerungsabhängige verspürt nur scheinbar Abneigung vor Nähe, denn in seinem Unterbewusstsein sitzt erstaunlicherweise die große Angst davor, verlassen zu werden!!! So verschieden sind die beiden also gar nicht. Die Ängste sind die gleichen, sie befinden sich nur auf vertauschten Ebenen.

Daher also suchen sie sich gegenseitig. Aufgrund ihrer scheinbar gegensätzlichen Ängste ist sichergestellt, dass die beiden keine Gefahr für ihre tiefsitzenden Ängste darstellen: Lucy hat in Viktor einen Mann gefunden, über dessen Unnahbarkeit sie zwar jammert, doch dafür kann sie sicher sein, dass er sie *nie* zu sehr bedrängen wird! Männer, die dies tun, scheut sie wie der Teufel das Weihwasser. Viktor wiederum sucht sich Lucy aus, weil er sicher sein kann, dass sie ihn nie verlassen wird. Dazu ist sie viel zu abhängig von ihm, und er bleibt davor bewahrt, sich der Hölle des Auf-der-Strecke-Bleibens zu stellen. Netter Deal.

Man kann aus solch einem Teufelskreis wieder herausfinden. Doch man braucht die Erkenntnis dazu, dass man drinsteckt, und die Einsicht, dass es nicht erstrebenswert ist, auf diese Weise weiterzumachen. Ansonsten gilt: Und wenn sie nicht gestorben sind, dann rennen sie noch heute – ein fataler Teufelskreis!

Übung

Herzheilung: Entlasse deine Angst

Du kennst dieses Hin und Her zur Genüge? Nur wie du dich dem entziehen kannst, das hast du noch nicht ganz verinnerlicht? Um diesem Teufelskreis, der sich doch immer nur um Angst dreht, zu entgehen, gibt es ein wirksames Mittel: Entziehe der Angst die Macht über dein Herz!

Solange du deine Ängste zum Herzberater machst, wirst du immer und immer wieder das Gleiche erleben: Das ewige Ringen um Reaktionen deines Liebsten im Außen. Du kannst die Forderungen nach Liebe immer wieder loslassen, wenn du geduldig dein Bewusstsein dafür schärfst. Sobald du merkst, dass sich ein enges Gefühl einstellt, fütterst du mit deinen süchtigen Erwartungshaltungen deine emotionalen Erfahrungen von Wut, Angst und Traurigkeit. Hältst du an diesen Forderungen fest, wirst du immer wieder aufs Neue erleben, dass sie dir für kurze Zeit Erleichterung versprechen, doch eben meistens nicht erfüllt werden.

Erkennst du also: *"Ups, da ist sie wieder, meine süchtige Erwartungshaltung"*, entlasse die Angst, die dich fernsteuert, indem du dir etwas sagst wie: *"Hör zu, Angst, ich habe registriert, dass du da bist. Doch ich brauche dich nicht mehr. Netter Versuch, aber ich glaube dir nicht mehr. Ich wähle die Kraft der Liebe und lass dich gehen."*

Während ich diese Zeile schreibe, ist mir bewusst, dass es kein einfaches Unterfangen ist, den eigenen Ängsten die Stirn zu bieten. Diese Vorstellung mag dir vielleicht sogar unmöglich erscheinen. Wage es trotzdem, darauf zu vertrauen, dass eine Kraft in dir existiert, die größer ist als deine Angst. Ich rede hier von der puren Lebensenergie, die dir Urvertrauen, Stärke und Dynamik verleiht. Diese fundamentale Lebenskraft ist in dir und verweist deine Angst auf ihren Platz, sobald du wahrnimmst, dass sie dich durchdringt.

Das glaubst du nicht? Kein Wunder, hat dich doch dein Ego über Jahrzehnte darauf programmiert, reflexartig den Anweisungen der Angst zu folgen. Ich muss dazu sagen, dass ich selbst viele Jahre unter meinen süchtigen und angsterfüllten Erwartungshaltungen gelitten habe. Das lag daran, dass ich damals noch nicht wusste, was ich heute weiß. Solche unbewussten Programmierungen lassen sich überschreiben durch sanfte Wege ins Unterbewusstsein. Habe also bitte Geduld und Verständnis für dich, wenn dir dieser große Schritt nicht über Nacht gelingt. Du beginnst eine Veränderung, die in der Tiefe deines Lebens ansetzt. Diese Widmung für dein Inneres erfordert Übung, Ausdauer und eine gewisse Zeit.

Energetische Übungen können dir dabei helfen, dich mit der Lebenskraft der Liebe zu verbinden. Strecke deine Fühler nach Möglichkeiten in deiner Umgebung aus, dies zu tun. Darüber hinaus kannst du auch erst einmal eine schriftliche Meditation anwenden, in der du dir Fragen stellst wie diese:

- Was habe ich davon, dem Einfluss meiner Angst weiterhin zur Verfügung zu stehen?
- Wer bin ich wirklich? Ein Kunstwerk der Liebe oder eine Marionette der Angst?
- Was könnte mir im schlimmsten Falle passieren, wenn ich meine Forderungen loslasse?
- Liebe ich meinen Partner, weil er mir etwas geben soll, oder einfach weil er da ist?

Es kann auch ungeheuer kraftvoll sein, sich neu zu entscheiden. Jeder Entschluss hat die Dynamik eines Neuanfangs. Entschließe dich z. B. mit Sätzen wie diesen:

- Ich entlasse meinen Partner aus der Verantwortung und kümmere mich selbst um mein Glück!
- Ich gebe sämtliche Strategien auf, um einen Partner an mich zu binden!
- Ich lasse los und lasse mich überraschen.
- Ich konzentriere mich auf Wege, um meine Selbstliebe zu verstärken!
- Ich trete aus dem Schatten der Angst und widme mich der Lebenskraft der Liebe in mir!
- Statt Liebe zu erwarten, starte ich mit liebevollen Taten!
- Ich erinnere mich täglich daran, liebevoll zu mir selbst zu sein!
- Ich bin es wert, geliebt zu werden, und muss keine Beweise einfordern!
- Ich bin absolut liebenswert!

Anders mit der Liebe umgehen – lohnt sich das überhaupt?

Popsängerin Nena bringt es auf den Punkt: "*Wie kann ich lassen, was ich doch nicht lassen kann?*" Wenn doch die Wildwasserbahn des Liebesrausches mit ihren Höhen und Tiefen das ist, was dich anzieht wie nichts anderes im Leben – warum und auf welchem Weg solltest du sie dann aufgeben? Und vor allem: Wofür? Was habe ich davon, die mir vertraute Art zu lieben gegen eine andere, unbekannte einzutauschen? Geht das überhaupt?

Stella: "*Was es mir so schwermacht, eine Sucht aufzugeben, ist: Ich erwarte nicht, dass es mir dadurch wirklich besser geht! Vor vielen Jahren habe ich zum Beispiel mal zwei Monate diszipliniert nicht geraucht. Es stellte sich dabei leider keines der viel gerühmten 'Ich-fühle-mich-besser-Symptome' ein. Ich konnte nicht besser riechen oder schmecken, fühlte mich in keinerlei Hinsicht besser. Ich litt lediglich an unsäglichen Depressionen, weil ich mir die 'Freude' des Rauchens versagte und es als eine Selbstkasteiung empfand, die zu nichts führte. Also fing ich wieder an. Ähnlich sehe ich es mit der Liebessucht. Ich versage mir den (schädlichen) Rüdiger, habe aber nichts davon! Nur theoretisch im Kopf, aber praktisch fehlt mir alles!*"

Eine wesentliche Ursache dafür, dass Frauen nicht aus ihren Verstrickungen herausfinden, ist der Glaube, keine echte Alternative zu haben. Es scheint, als gäbe es nur faule Kompromisse oder gar keine Partnerschaft. Gedanken wie "Echte Kerle machen sich nun mal rar. Das ist der Preis der Erotik" lassen sie in unliebsamen Verbindungen verharren.

Hast du Angst, ein Mauerblümchen zu werden, falls du deine leidvollen Liebschaften aufgibst? Glaubst du, einen schlechten Tausch zu machen, wenn du dich auf einen "zu netten" Mann einlässt, weil die Sicherheit, die er dir geben kann, zwar angenehm ist, solch eine Beziehung sich für dich jedoch langweilig und fad anfühlt? Denkst du, die einzige Alternative zu beziehungsunfähigen Männern sei, dich resigniert an jemanden zu binden, der dich überhaupt nicht interessiert oder erregt?

Die Frage ist doch nicht: Willst du Erotik oder nicht? Sie lautet vielmehr: Inwieweit lohnt es sich, für wenige Stunden des Hochgefühls dein ganzes Leben mit Illusionen zu verbringen? Willst du immer nur wechselwarm duschen oder endlich einmal im weiten Ozean schwimmen? Wenn du das willst, dann solltest du wohl oder übel deine Wohnung mit der geliebten Dusche für eine Zeit lang verlassen, dir ein Ticket kaufen und (trotz eventueller Flugangst) in den nächsten Flieger steigen! Ab in die Fluten! Denn keine Dusche der Welt kann gegen Meeresrauschen und Wellengang mithalten!

Es wäre doch schrecklich, wenn es im Leben einerseits nur ein "Heer von Beziehungsgestörten" und andererseits nichts als eine "Ansammlung von Langweilern" gäbe. Redest du dir ein, dies sei so, um nicht an dir arbeiten zu müssen? Hegst du klammheimlich die Hoffnung, dass du deine Vorstellung von Liebe und dem alles erfüllenden Märchenprinzen, der dich vor dir selbst rettet, doch nicht aufzugeben brauchst? War es etwa nur Zufall oder ein Mangel an glücklichen Umständen, dass dir dein Romeo noch nicht begegnet ist? Es wäre natürlich viel leichter und auch angenehmer, wenn es jemanden gäbe, der dir alles gibt, wonach du schon so lange suchst. Der dich auf Händen trägt, bis dass der Tod euch scheidet.

Vielleicht hältst du ja einfach nur an einer nicht funktionierenden und wenig erfüllenden Beziehung fest, weil du dir nicht vorstellen kannst, was wirkliche Liebe bedeutet. Du kennst sie ja eigentlich gar nicht. Wie sollst du dich also für sie begeistern können? Paare, die eine Vorzeigeverbindung leben, sind so selten wie ein Lottogewinn, keine Frage. Aus Angst, solch eine Beziehung niemals leben zu können, bleibst du lieber den gewohnten Kompromissen treu, als etwas ganz Neues zu riskieren.

Doch es lohnt sich! Liebe ist eine grenzenlose Kraft, eine vibrierende Energie, die alles und jeden zu berühren vermag. Wenn du dein Herz für sie öffnen kannst und ihre sanfte Intensität erfährst, wirst du mit ihr als Wegbegleiter Menschen auf behutsame und dennoch intensive Weise verzaubern können. Jeder Begegnung, die von dieser Energie getragen ist, wird eine Würde und ein Glanz verliehen, die wundervolle Beziehungen voller Hingabe und Einheit hervorzubringen vermögen. Du wirst nicht gänzlich auf Himmel und Hölle leidenschaftlicher Liebe verzichten müssen – keine Sorge. Das Einzige, was sich ändert, ist deine Beziehung zu dir und deiner inneren Basis. Auch wenn du diese in dir festigst, wirst du im Leben weiterhin fallen – und genau wie alle anderen von bestimmten Leiden nicht verschont bleiben. Doch du wirst nicht lange in einem Tief verweilen, sondern dich wie ein Gummiball schnell wieder vom Boden abstoßen. Aus eigener Kraft. Du kannst das erotische Hochgefühl weiterhin erleben – sogar auf eine Weise, die alles, was vorher war, in den Schatten stellt –, wenn du auf freie und selbstbewusste Weise liebst!

Du wirst nicht selten den unwiderstehlichen Drang verspüren, zu deinen altbekannten Mustern zurückkehren zu wollen. Jede andere Form der Liebe, die du als berauschendes Endziel kennst, wird dir als nicht ebenbürtig erscheinen angesichts der hypnotisierenden Macht der abhängigen Liebe. Die Illusion, dass Liebe etwas ist, worum du kämpfen musst, wird dich fest in ihrem Bann halten – mach dich darauf gefasst! Tragischerweise entfernst du dich mit dieser Haltung immer mehr von der wundervollen Erfahrung, innige Nähe und Geborgenheit mit einem anderen Menschen zu erfahren, weil deine bedürftige Erwartungshaltung das Eintreffen solcher Partner unmöglich macht.

Nur wenn du dich innerlich immer wieder freischaufelst und dich auf deine Stabilität und Eigenliebe konzentrierst, kann etwas ganz Neues passieren: Die Liebe zu dir wird eine praktische Erfahrung und überstrahlt all deine Bedürftigkeiten in einer Weise, die dich erstaunen wird. Die Frage ist nur: Möchtest du dieses Neue überhaupt kennenlernen? Oder überwiegt die Angst, das Alte zu verlieren?

Wenn du ein neues Haus (eine neue Beziehung) auf deinem Grundstück (deiner inneren Basis) gestalten möchtest, dann kannst du entweder einen Umbau in Angriff nehmen oder ein ganz neues Haus bauen. Ein Umbau würde erfordern, dass du deine abhängigen Forderungen an deinen Partner erkennst und möglichst loslässt, deine Vision von deinem Haus visualisierst und mitteilst, dann die Initiative ergreifst und dem Ganzen Raum und Zeit gibst, damit es Formen annehmen kann.

Sollte ein Umbau deines Hauses nicht mehr möglich sein, weil es zu marode ist, kein tragfähiges Fundament hat oder einfach jeder Änderungswunsch auf einen faulen Kompromiss hinauslaufen würde, dann wird dir nichts anderes übrig bleiben, als einen vollständigen Abbruch vorzunehmen. Dieses Einreißen deines einstigen Zuhauses tut weh, weckt alte Erinnerungen, erfordert Loslassen, ist schwer und stimmt melancholisch. Der Abriss ist ein Schritt, der nicht mehr rückgängig zu machen ist. Doch nicht nur das. Solltest du dich schweren Herzens dazu durchringen, den Abbruch zu vollziehen, dann stehst du nach getaner Arbeit erst einmal vor dem Nichts. Vor einer Leere, die du noch nicht zu füllen weißt. Das alte Heim ist weg. Es hatte dich nicht wirklich glücklich gemacht, doch jetzt, wo es zerstört ist, idealisierst du es in der Rückschau. Wahrscheinlich wirst du dir sagen: *"Oh, nein! Was habe ich nur getan? Es war doch eigentlich alles ganz okay so!"* Der Aufbau des neuen Hauses dauert seine Zeit und ist mühsam. Stein auf Stein geht's langsam voran. Bis es Formen annimmt, erfordert es deine Geduld und dein Vertrauen – auf ins große Unbekannte! Dein neues Reich wird das alte mit Sicherheit überragen und dir mit seiner Geräumigkeit und seinem neuen Stil beweisen, dass es die Mühe und das Vertrauen wert war.

Bis es so weit ist, hier ein paar Motive, Lust auf bedingungslose Liebe zu bekommen:

- Für die wahre Liebe brauchst du dich nicht zu verbiegen und auf nichts und niemanden zu warten!

- Liebst du dich selbst, ziehst du Männer an, die zu dir passen, anstelle derjenigen, die du dir passend machst!

- Wenn du zu deiner wahren Liebesfähigkeit erwachst, wird dein Leben nicht langweiliger, sondern aufregender!

- Gibst du die Kontrolle auf, kann der Spaß in deinem Leben beginnen!

Bedingungslose Liebe macht weder krank noch traurig noch einsam. Liebe ohne zwanghafte Abhängigkeit macht glücklich und hält länger! Liebe, die von innen kommt, tanzt im Licht, bringt dich zum Lachen, tankt dich auf mit Lebensfreude und Energie, die du mit einem Partner deiner Wahl teilen kannst! Liebe braucht keine Bedingungen, damit sie erfahrbar ist. Lenke dein Bewusstsein darauf, dass sie immer da ist und du dich nur für sie zu öffnen brauchst. So wie die Sonne, die hinter den Wolken ist, verschwindet sie nie wirklich, nur weil du sie gerade nicht in dir fühlen kannst. Verlangen in Liebe zu verwandeln bedeutet auch das Ende der Angst! Wenn das kein Grund ist, alte Muster loslassen zu wollen. Angst gegen Liebe einzutauschen!

"Ja" sagen zu können zum Sicheinlassen auf die aufrichtige Liebe bedeutet demnach: Du bist auf dem besten Weg, den Liebesteufelskreislauf von Illusion, Traurigkeit, Verblendung und qualvoller Sehnsucht zu verlassen!

In aller Klarheit: Nichts läge mir ferner, als dir Worte wie Sehnsucht oder Romantik vermiesen zu wollen! Ich bin selbst eine wilde Romantikerin und glaube nicht, dass Romantik mit sich allein existiert! Ich möchte dich auch keinesfalls dazu überreden, deine Sehnsucht durch tröstende Kopfgymnastik zu ersetzen. Wozu haben wir schließlich das quälend süße Gefühl? Es hat als Liebeskompass durchaus seine Berechtigung und ist viel zu schön, um es aus unserem Leben ausklammern zu können. Doch wie bei allen Dingen ist alles eine Frage des Gleichgewichts und der Dosis! Sehnsucht kommt phasenweise immer wieder. Wenn du bemerkst, dass sie überhand nimmt (sprich: du zu sehr unter ihr leidest!), dann tritt auf die Bremse und erinnere dich daran, dass du dabei bist, mit Vollgas in eine Sackgasse zu donnern. Nimm dir eine Auszeit und konzentriere dich darauf, wieder bei *dir* anzukommen, zu *dir* zu finden. Zu viel Sehnsucht macht dich kaputt und schlägt Männer in die Flucht. So einfach ist das. Früher oder später wirst du zur Chefin deiner Gefühlswelt und schaffst es, das Steuer herumzureißen, wenn du wieder dabei bist, dir selbst wehzutun. Bye-bye panikartige Zustände, Einsamkeit und Leere! Raus aus der Bedürftigkeitsspirale, rein in das Bad der Liebe!

Übung

Herzheilung: Liebe versus süchtiges Verlangen

Um der allumfassenden Liebe näher zu kommen, ist es wesentlich, dass du deine Illusionen ein Stück weit loslässt. Der erste Schritt der Veränderung ist also, dir einzugestehen: *"Es ist keine Liebe, die ich für ihn empfinde, sondern die süchtige Suche danach."* Sei ehrlich mit dir: Liebst du deinen (Wunsch-)Partner wirklich oder benutzt du ihn nur, damit du dich besser und nicht alleine fühlst? Verwehrst du ihm, glücklich zu sein, hat das mit deiner heimlichen Angst zu tun, du könntest ihm weniger wichtig sein, wenn er erfüllt ist. Dann befürchtest du Liebesverlust, weil dein Liebster dich offenbar nicht mehr "braucht". Spüre in dich hinein, ob die Angst in dir überwiegt. Falls ja, ist deine Zuneigung blockiert und deine "Liebe" kann nicht frei fließen. Wenn es darum geht, dass er etwas tun soll, damit es *dir* besser geht, kannst du davon ausgehen, dass du in einer süchtigen Erwartungshaltung feststeckst. Verspürst du stattdessen den Wunsch, es möge ihm gut gehen, empfindest du Liebe. Dann ist eine warme, starke Kraft positiver Wertschätzung in dir, mit der du in Verbindung bist und die du frei von Erwartung nach einer Gegenleistung in seine Richtung schickst.

Unsere duale Welt unterscheidet zwar einerseits zwischen Richtig und Falsch, Schwarz und Weiß, Gutem und Schlechtem, im Grunde jedoch steht alles miteinander in Verbindung. Es ist daher kein Drama, wenn du süchtiges Verlangen als Hauptmotivation in dir erkennst, denn immer kannst du deine süchtigen Forderungen in liebevolle Gelassenheit verwandeln. Hier ein paar Impulse, um deine reflexartigen und gelernten Erwartungshaltungen gegen Liebe einzutauschen:

Vor Verlangen verrückt nach jemandem zu sein, ist Spiritus für deine Leidenschaft. Süchtig danach zu verlangen, dass dir dein

Liebster geben soll, was er dir nicht geben will oder kann, hat nichts mit wilder Leidenschaft, sondern eher mit Erpressung zu tun.

Erinnere dich daran, dass süchtiges Verlangen nicht nur deinen Partner belastet, sondern vor allem dich selbst.

Gestehe dir ein, dass deine Strategien, Liebe und Aufmerksamkeit von einem bestimmten Mann zu gewinnen, Strategien des Mangels und der Furcht waren. Entscheide dich bewusst für die Liebe.

Öffne dich für die Vorstellung, dass du die Liebe, die du suchst, durch meditative Widmung finden kannst.

Wenn du dafür offen bist, praktiziere regelmäßig die Meditation deiner Wahl, um die Freude und Fülle des Lebens in dir selbst erfahren zu können.

Sobald du erlebst, dass dein Inneres grundlose Freude empfängt, schicke diese Freude innerlich an den Mann deines Herzens weiter.

Übernimm die Verantwortung für deine augenblickliche Lebenssituation und für die Erfüllung deiner Herzenswünsche.

Wenn du deinen Partner liebevoll bittest, etwas für dich zu tun, dann sei offen für die Möglichkeit, dass er ja oder nein sagt. Sobald du ihn für sein Nein verurteilst und ihm Druck oder Schuldgefühle machst, ertappst du dich bei deiner Tendenz, etwas auf süchtige Weise zu fordern.

Schenke dir selbst die gleiche Freiheit. Zwinge dich nicht hartherzig, Dinge zu tun aus der Illusion heraus, erst dann etwas wert zu sein. Gestehe dir selbst die Freiheit zu, nein zu sagen.

Die Sache mit dem Selbstwert

Der kritische Zwilling

Meine Antwort auf die Frage, wie du dem Dilemma der unbewussten oder bewussten Ängste entkommen kannst, lautet: durch deinen wachsenden Selbstwert. Wie viel bedeutest du dir selbst? Achtest du dich? Und inwieweit lebst du in Übereinstimmung mit diesem Selbstwert?

Caroline, eine typische Liebessüchtige, sagt dazu: *"Ich kann Selbstwert kaum aus mir selbst heraus empfinden. Ich finde mich zum Beispiel meist nur schön, wenn er mich begehrt! Das ist das, was er mir gibt oder zumindest bei unserem Zusammensein oft gegeben hat: Bewunderung, wie toll ich in jeder Hinsicht sei, und nur ihm glaub' ich das so richtig! Das macht süchtig und lässt mich milde über so vieles andere, was fehlt, hinwegsehen."*

Solange du in liebessüchtigen Verstrickungen gefangen bist, leidest du an einem schwachen Selbstwertgefühl. Da du deinen eigenen Wert nicht oder nur teilweise erkennst, willst du etwas von dem Kuchen abbekommen, den du im anderen zu sehen glaubst. Dabei spiegeln sich in deinem Angebeteten nur deine eigene Schönheit, dein Charme, dein Wert, deine Tiefe und deine Liebenswürdigkeit!

Dreh deine Zweifel mutig herum und frage dich: Was sind meine Qualitäten? Was macht mich aus? Was liebe ich bereits an mir?

Während du deine Qualitäten entdeckst und damit ein gutes Grundgefühl in dir einziehen darfst, ziehst du Menschen an, die dich entsprechend würdigen. Erinnere dich: In dem Maße, wie du dich selbst achtest, wird dir Achtung entgegengebracht. Andernfalls wirst du dich immer genügend selbst respektieren und lieben, um gegebenenfalls einen Mann, der dich missachtet und verletzt, zu verlassen. Übrigens bist du mit deiner bisherigen Tendenz, dich deiner Selbstliebe nicht wirklich zu widmen, keine exotische Ausnahme. Irgendwie scheint eine liebevolle Beziehung zu sich selbst bei den meisten Frauen nicht so hoch im Kurs zu stehen. Wenn eine Wunscherfüllungsfee sie wählen ließe zwischen einem Selbstwertgefühl, das mit jedem Tag wächst, und einem schwer zu haltenden Mann, der sie ab und an mit Komplimenten aufzuwerten scheint – welches Geschenk würde sie wohl vorziehen? Klar, sie will beachtet und geschätzt werden. Also sucht sie sich einen Charmeur aus, der dies phasenweise tut – um sie dann wieder auf eine Weise zu behandeln, die ihrer unwürdig ist.

Dabei ist es doch wirklich grundlegend für jede Beziehung, dass man sich selbst nicht nur mag, sondern liebt! Sich respektiert, hegt und pflegt, sich gegenseitig die Wünsche von den Augen abliest, während man begeistert in den Spiegel schaut und sich Mut und gute Laune für den neuen Tag zuspricht. Was ist daran so schwierig und warum erscheint es uns so befremdlich oder aufgesetzt? Weil wir es nirgendwo gelernt haben – zumindest nicht gründlich genug. Und weil wir wollen, dass diese Wertschätzung von außen kommt! Von einem Helden, den wir als würdige Jury betrachten. Nur seine Einschätzung gilt! Nicht das, was wir uns mühselig vor einem Spiegel herbeireden müssen!

Frauen sind wunderbare, gefühlvolle Wesen. Wir sind in der Regel schöner, spiritueller und oft auch sensibler als unsere männlichen Gegenüber. Und trotzdem rutschen wir auf Knien, laufen hechelnd hinter "Mr. Superverklemmt" her und werfen uns hingebungsvoll jedem an den Hals, der uns ausnutzen will. Wie lange noch? Warum verzichten wir auf unsere wesentlichen Bedürfnisse?

Jenny erzählt: *"Er heißt Julian und ist ein trockener Alkoholiker. Er ist faszinierend für mich, und ich fühle mich sehr mit ihm verbunden. Doch wie immer gibt es ein Problem: Ich möchte mehr als Freundschaft. Er erwidert meine Gefühle jedoch nicht. Immer das gleiche Lied! Julian ist beziehungsgestört. Er hatte noch nie eine längere Beziehung, und während seiner Drogenkarriere hat er mit rund 200 Frauen geschlafen! Er hat mir eine klare Absage erteilt. Mein Fehler war, dass ich mich ihm aufgedrängt habe, obwohl er mich gar nicht bei sich haben wollte. Zur Krönung legte ich mich auch noch nackt zu ihm ins Bett und hoffte, er würde schwach werden. Wurde er aber nicht, denn wie attraktiv ist bitteschön eine Frau, die denkt: 'Bitte, fass' mich an, bitte lass mich bei dir bleiben, bitte schlaf' mit mir! Warum begehrst du mich nicht?' Julian blieb absolut cool und sagte klar und deutlich, dass mein plumper Annäherungsversuch für ihn hart an der Grenze sei, denn er wolle nun mal keine Beziehung mit mir beginnen. Ich war stinksauer, denn Julian hatte mich abgewiesen und meinen Stolz verletzt. Sicherlich war es alles andere als schön, was Julian da von sich gab, doch die Ursache lag wohl bei mir. Wenn es um die Kerle geht, verkaufe ich mich unter Wert – oder etwa nicht?"*

Natürlich tut sie das, denn schließlich behandelt sie Männer wie Popstars oder Prinzen! Das Problem dabei ist, dass sie ihren eigenen Wert nicht erkennen kann, wenn sie ihn immer nur im anderen sucht. Sie tut so, als sei sie Aschenputtel, und findet sich mit den Krümeln ab, die man ihr hinwirft. Wie sollte er sie auch wertschätzen können, wenn sie sich so kleinmacht? Solch ein Verhalten schreit ja förmlich nach Verletzung.

Nehmen wir den Fall von Alex. Sie ist seit neun Jahren verheiratet. Über die Hälfte der Zeit davon unglücklich, denn ihr Mann

Thomas gibt ihr nur einen Bruchteil dessen, wonach sie sich sehnt. Sie hat mit ihm einen kleinen Sohn. Thomas wollte keine Familie, er flüchtete vor seiner Vaterrolle.

Alex nahm es hin in der Hoffnung, alles würde besser, wenn erst das Baby da wäre. Thomas freute sich zwar auch, aber ein Kind war eigentlich nicht sein Ziel gewesen. Er übernahm seine Verantwortung schließlich mit großen inneren Bedenken. Dennoch: Die Familie, die Alex sich wünschte, blieb ein Wunschtraum. Sie tat alles dafür, richtete ein liebevolles Zuhause ein, war extrem kreativ, zauberte mit ihrer warmen und sozialen Ader immer wieder eine besondere Atmosphäre. Trotzdem blieb Thomas ein distanzierter Beobachter, lief wie ein Gast mit Dauerausweis durchs Haus. Er hatte sich verirrt, war von der Fahrbahn abgekommen und fand die Ausfahrt nicht mehr. Er widmete sich ganz und gar seinem Job, und wenn er etwas unternahm, dann meistens allein.

So lebte Alex vor sich hin – wartend, hoffend, dienend und immer öfter weinend. Dann, eines Tages, platzte die Bombe. Statt der großen Liebeserklärung der große Schock: Thomas verliebt sich in seine Traumfrau! Er kann also doch lieben! Nur eben nicht sie. Jedenfalls nicht auf die Art, die sie sich wünscht. Er verheimlicht Alex seine Liebschaft. Als die Wahrheit auffliegt, verspricht er, die Geschichte zu beenden und bei Alex zu bleiben, auch wenn er sie nur platonisch liebe.

Doch die Gefühle für seine Traumfrau sind zu stark, um sie zu vergessen, und obwohl Alex dies nicht nur ahnt, sondern in ihrem Innersten weiß, und sie Thomas immer wieder konkret darauf anspricht, belässt sie es bei leeren Drohungen. Sie kann ihm einfach nicht die Koffer vor die Tür stellen – die Angst, ihn zu verlieren, ist zu groß. Stattdessen klammert sie und hofft immer weiter darauf, dass er sich ganz für sie entscheidet, überschüttet ihn mit Liebeserklärungen und Erwartungen.

Thomas bleibt distanziert, trennt sich aber nicht. Er will Alex auf keinen Fall verletzen, seinem Sohn eine Scheidung ersparen, hat Angst vor der Veränderung und dem Verlust der Familie, die für alle unweigerlich kommen würde, wenn er dem Ruf seines Herzens folgen würde. Innerlich hin- und hergerissen, zieht er sich immer weiter zurück, und obwohl die Situation für Alex unzumutbar wird, kann auch sie sich nicht trennen. Sie nimmt alle Zurückweisungen hin und verirrt sich in einer illusionären Hoffnung auf einen Neuanfang.

Hätte Alex mehr Vertrauen zu sich und ein besseres Selbstwertgefühl, so würde sie ihren Mann in die Wüste schicken. Doch es bleibt bei verbalen Drohungen. Den Schmerz, verlassen zu werden – den kennt sie aus ihrer Kindheit und aus vorherigen Beziehungen. Jemanden zu verlassen, auch wenn er es verdient hätte – das bringt sie nicht fertig, selbst wenn ihre Ehe nur noch auf dem Papier besteht. Lieber wartet sie, bis er es tut oder es einfach keinen anderen Ausweg mehr gibt.

Während sie also die quälende Kaugummi-Situation weiter erträgt, spult sie Sätze ab, an deren Inhalt sie schon seit Kindertagen gewöhnt ist: *"Du liebst mich nicht! Keiner liebt mich! Wieso tust du mir das an? Womit hab ich das verdient?"* Die vielen Zurückweisungen haben sie so sehr geprägt, dass sie tatsächlich davon überzeugt ist, es nicht wert zu sein, geliebt zu werden. Und das, obwohl ihr Verstand und ihre Freundinnen ihr sagen, dass sie eine tolle, starke und liebenswerte Frau ist. Doch solange sie, die Hauptperson, das in ihrem persönlichen Drama nicht glauben kann, wird sich die Lage in ihrem Privatleben auch nicht verbessern. Schuld daran und dass sie sich nicht bedingungslos lieben kann, ist ihr "kritischer Zwilling"!

Wir alle kennen diese negative Stimme in uns. Der kritische Zwilling redet pausenlos auf uns ein und beeinflusst uns mit Leichtigkeit. Dieser aufdringliche Geselle kann den Vater, die Mutter oder einen Lehrer aus der Kindheit repräsentieren. Wir sind bestens mit ihm vertraut, und obwohl wir ihn ablehnen, ist er sehr einflussreich. Diese Stimme ist keineswegs mit unserer sogenannten "inneren Stimme", also der Intuition, zu verwechseln. Sie ist sozusagen das Teufelchen, das uns auf der Schulter sitzt und uns piesackt. Dass unser innerer Kritiker ohne Unterlass auf uns einredet, ist jedoch nicht das wirkliche Problem, sondern eher der Umstand, dass wir ihm zuhören – und auf ihn hören! Achte darauf, dich nicht von dem ewig nörgelnden Zensor beeinflussen und verunsichern zu lassen! Denn ansonsten diktiert er dir eine innere Haltung, die da lautet: *"Ich kann das nicht!"*

Wenn dir aus deiner Umgebung signalisiert wird: *"Du kannst das nicht!"*, dann nur deswegen, weil es keine Trennung zwischen deiner inneren Überzeugung und der äußeren Wirklichkeit gibt. Nicht die Umgebung sagt dir: *"Du kannst das nicht schaffen."* Sie spiegelt dir allerdings präzise deine innere Haltung und deinen Zweifel an deiner eigenen Kompetenz.

Du kannst aber eine neue, "überschreibende" Ursache setzen und eine ganz neue Wahl treffen. Du musst dich nicht zwangsläufig so verhalten, wie dein kritischer Zwilling es dir einzureden versucht! Unser Leben ist grenzenlos, aber nur wir selbst können das beweisen mit der bereits erwähnten Einstellung: *"Mein Leben ist zutiefst wertvoll, und ich übernehme die volle Verantwortung dafür!"*

Susi ist noch nicht so weit. Sie ist mit sich selbst nicht im Reinen. Auf der einen Seite will sie sich bei ihrem Liebsten melden, auf der anderen Seite verbietet es ihr Stolz, es auch zu tun.

Susi klagt: *"Mein Herz riet mir: 'Los, ruf ihn an und sag ihm, wie es dir geht! Du willst ihm doch von deiner Schwierigkeit, ihm zu vertrauen, erzählen. Sag es ihm. Vorsichtig! Ohne Schuldzuweisung.' Sofort meldete sich die andere Stimme in mir zurück: 'Klar,*

ruf ihn an - wie immer! Blamier dich bis auf die Knochen! Heul'
ihm am Telefon was vor, darin bist du ja die ungekürte Weltmeis-
terin! Ja, bist du denn bescheuert? Eine richtige Frau hat das nicht
nötig! Du bist stark und unabhängig. Lass ihn zappeln und ruf
ihn nicht mehr an - bis er sich meldet. Er soll dich vermissen und
auch mal leiden, dann weiß er, wie das ist! Zeig ihm bloß keine
Angst oder Schwäche! Sonst macht er Schluss! Männer haben kei-
nen Bock auf Krampf. Wenn du ihn jetzt anrufst, bist du ihn bald
für immer los. Außerdem hast du schließlich auch deinen Stolz!"

Stolz kommt zwar aus dem Ego, ist aber auch ein Hinweis darauf, dass wir einen Wert haben. Wenn etwas auf dieser Ebene Be-
drohliches geschieht, meldet sich der verletzte Stolz als inneres
Alarmsignal: Bis hierher und nicht weiter! Unser Stolz hat also
durchaus seine Berechtigung und eine wichtige Alarmfunktion!
Letztlich geht es jedoch um eine tiefere Botschaft, nämlich um die
große Herausforderung: Meistere dein Ego - statt dich von ihm
beherrschen zu lassen, und öffne dich für die Weisheit deines Herzens! Diese Weisheit kommt aus der Kraft der allumfassenden Liebe. Es ist auch und gerade in schwierigen Situationen möglich,
liebevoll zu dir zu sein und anderen konsequenterweise nicht
mehr zu erlauben, dich respektlos zu behandeln.

Deine Selbstliebe verstärken

Du wirst die Tendenz zu liebessüchtigem Verhalten umso
schneller überwinden, je mehr du dazu bereit bist, deine Selbstliebe zu verstärken und zu lernen, gut zu dir selbst zu sein. Je mehr
du dich in einen liebevollen Fokus nimmst, desto leichter wird es,
damit aufzuhören, andere manipulieren oder kontrollieren zu wollen. Dementsprechende Strategien führen niemals irgendwohin,
sie verursachen nur viel Ärger für alle Beteiligten. Der entschlossene
Einsatz für dein eigenes Leben ist der Schlüssel dazu, Fixierungen
auf das Leben anderer loszulassen. Damit wird es möglich, gesunde

Grenzen zu ziehen und zu erkennen, dass jeder seine Probleme selbst lösen muss. Gib dir und der Person, von der du meinst, dass du sie liebst, Raum.

Übung

Herzheilung: Sei liebevoll zu dir!

Auf den ersten Blick mag es dir vielleicht seltsam erscheinen, dich darin zu üben, "liebevoll" mit dir selbst umzugehen, weil du der Annahme bist, dich bereits hinreichend zu mögen. Doch bei genauerem Hinsehen wirst du zahlreiche Situationen erkennen, in denen du alles andere als liebevoll zu dir bist. Vielleicht sind sie dir zuvor gar nicht aufgefallen, weil du seit deiner Kindheit dermaßen viel Kritik abgespeichert hast, dass es dir normal vorkommt, weder besonders verständnisvoll noch sanft mit dir umzugehen. Willst du etwa kampflos weiterhin deinem inneren Kritiker das Sagen überlassen, weil du ihn einfach nicht zum Schweigen bringen kannst? Bist du wirklich bereit zustimmen, wenn er dich wieder und wieder beleidigt, verleugnet und verunsichert? Nein? Was also tun? Deine Ohren auf Durchzug stellen? Keine schlechte Idee. Nur, wo war noch gleich der Knopf dafür? Ein wirksamer erster Schritt ist herauszufinden, was du tatsächlich über dich denkst. Schreibe dir doch mal deine Zweifel von der Seele. Wer bist du wirklich? Eine Versagerin, weil sich kein Mann auf Dauer zu dir bekannt hat? Oder bist du ein absolut liebenswertes Wesen? Falls ja, ist es dann nicht an der Zeit, dass endlich jemand für dich eintritt? Wer soll damit beginnen? Du ahnst es bereits ... Du bist am Zug.

Gib dir all die Liebe, all die Zuneigung, all den Trost und all den Spaß, nach dem du dich schon so lange sehnst. Wie du das tun kannst? Am besten auf die gleiche selbstverständliche Art und Weise, wie du es für deine Kinder, Partner oder beste Freunde tust.

Nur: Diesmal geht es dabei um dich! Übersieh dich nicht mehr, sondern fange ab sofort damit an, dich für *dich* einzusetzen. Du kannst bei jeder Gelegenheit liebevoll zu dir sein:

Sobald du wahrnimmst, dass dein innerer Kritiker dich tadelt, lobe dich ganz bewusst!

Statt dich zu stressen, nimm dir bewusst Zeit für deine Bedürfnisse!

Statt dich beim Aufwachen unfreundlich anzutreiben, beginne schon beim Augenaufschlag damit, liebevoll mit dir zu plaudern. *"Du willst noch nicht aufstehen, Liebes? O.k., dann bleib noch ein Momentchen liegen und danach machst du dir ein schönes Frühstück und beginnst einen wundervollen Tag!"*

- Achte auf dich – besonders darauf, wie du über dich denkst und über dich kommunizierst.

- Lehne dich ohne schlechtes Gewissen zurück und lass falsch verstandene Verantwortung für andere los!

- Triff verbindliche Verabredungen mit dir!

- Tu, was du willst, wenn dir danach ist – auch wenn dir dein kritischer Zwilling "Schuldgefühle" einreden will.

- Werde dir darüber bewusst, wie viel unnötigen Druck du dir machst, und lasse los!

- Wofür brennst du? Widme dich deinen Talenten oder der Suche danach, sie aufzuspüren!

- Entdecke deine verschütteten Leidenschaften und lebe sie!

- Gib dir die Erlaubnis, dein Leben zu genießen! Jetzt und hier!

- Entschließe dich: Von diesem Augenblick an setze ich mich täglich für mein Glück ein!

Es macht Spaß, sich für das eigene Wohlergehen einzusetzen! Bringe Verständnis, Mitgefühl und Aufmerksamkeit für dich auf und sei selbst die Person, auf du dich immer verlassen kannst! Sei selbst die Person, die du gern im Spiegel betrachtest, weil sie dir beweist, dass sie dich wirklich sieht, schätzt und liebt. Mit der Zeit wird es normal für dich werden, gut zu dir zu sein. Dann wirst du dir immer mehr zugestehen, deinen Blick für deine Wünsche zu sensibilisieren, und damit anfangen, sie zu erfüllen. Du lässt deine "Ein-bisschen-Haltung" hinter dir und beginnst, groß und weit zu denken. Entdecke die strahlende Schönheit deines Wesens tief in dir, die sich auch in deinem Gesicht zeigt und nach außen ausstrahlt, wenn du mit ihr in Verbindung stehst.

Wahre Liebe schließt Selbstliebe ein. Indem du dich dir selbst liebevoll widmest, hängt dein Selbstwertgefühl nicht mehr von anderen ab. Je stärker deine Bereitwilligkeit ist, dich zu loben, wertzuschätzen und zu lieben, desto mehr Glücksgefühle und Lebensfreude wirst du empfinden und desto leichter wird es für dich, andere aus der Verantwortung für dein Glück zu entlassen.

Das Drama des inneren Kindes

Die Liebe, die wir suchen, ist für uns vor allem ein starkes Gefühl der Verbundenheit, des Einsseins und der Nestwärme – so denken wir. Wir halten Ausschau nach jemandem, bei dem wir ankommen und aus vollem Herzen sagen können: *"Bei dir fühle ich mich zu Hause!"* Wie wir bereits gesehen haben, sucht die zuneigungshungrige Frau letztlich nicht wirklich nach Nähe, sondern paradoxerweise nach einem Mann, der sich ihr aus für sie unerklärlichen Gründen verweigert. Aber warum ist das so? Was genau steckt eigentlich dahinter?

Dazu müssen wir wissen, dass wir mit unserem Partner die allerersten Liebesbeziehungen unseres Lebens – die zu unseren Eltern oder zu unseren nächsten Bezugspersonen – redramatisieren. Einige von uns haben leider weniger schöne Erinnerungen an ihre Kindheit, sei es, weil die Familie gestört war, Elternteile krank oder gewalttätig waren, starben oder die Familie verließen, es sexuelle Missbräuche gab oder aufgrund sonstiger Zurückweisungen und Verletzungen. In einer funktionierenden Familie sind die Eltern für die Bedürfnisse der Kinder da. In einer gestörten Familie hingegen müssen bedauerlicherweise die Kinder für die Bedürfnisse der Eltern herhalten. Wenn wir klein sind, brauchen wir das Gefühl, von unseren Eltern beschützt zu werden. Stimmt jedoch etwas mit dem Verhalten der Eltern nicht, was ein Kind instinktiv spürt, dann meint es, dieses in Ordnung bringen zu müssen, um zu überleben. Gewöhnlich bedeutet das für das Kind, sich selbst in der falschen Rolle zu erleben. Für viele von uns wurde dies zu einem Verhaltensmuster: Wir kümmern uns um unsere Eltern, um Liebe zu bekommen und um nicht verletzt zu werden. Meist kommen Liebesabhängige aus solchen dysfunktionalen Familien. Es geschieht leider viel zu häufig, dass Kinder schädigenden Beziehungsmustern ausgesetzt waren und nicht die Zuwendung und Wärme von Vater oder Mutter bekamen, die sie gebraucht hätten. Als Erwachsene sehnen sie sich verständlicherweise immer noch nach der Nähe, die sie entbehren mussten, und ihr Unterbewusstsein reagiert daher besonders stark auf Menschen, die sich emotional zugeknöpft geben, weil sie in diesem wesentlichen Punkt an unsere distanzierte Mutter oder unseren abwesenden Vater erinnern. Wer so geprägt ist, baut eher eine stärkere Beziehung zu den emotionalen Bedürfnissen anderer auf als zu den eigenen. Dieser Verlust der Beziehung zu uns selbst bildet die Basis für Liebesabhängigkeit.

Dazu kommt: Wir alle haben irgendwann, als wir klein waren, diverse traumatische Erfahrungen gemacht, die wir nicht verarbeiten beziehungsweise klären konnten, als sie geschahen. Entweder wurde das Erlebte nicht erklärt, oder wir waren zu klein, um es zu verstehen. Ganz einfach ausgedrückt: Es gab bei jedem von uns in der Kindheit mindestens *ein* traumatisches Erlebnis, mit dem wir – beziehungsweise unser inneres Kind – sich heute noch beschäftigt. Aus dem einfachen Grund, weil es nach Heilung schreit. Alte Verletzungen, die nicht aufgearbeitet sind, kommen dann wieder schmerzvoll an die Oberfläche, wenn ein Partner im Spiel ist, auf den die inneren Bilder projiziert werden können. Dann läuft man der Liebe entweder davon oder erduldet die reaktivierten Filme, ohne sich über deren Ursprung bewusst zu sein und ohne sie aktiv ändern zu können. Die Wunden aus der Kindheit mögen äußerlich geheilt sein – wir sind erwachsen und vernünftig geworden und haben unsere Position im Leben eingenommen. Doch innerlich sind sie noch da und abrufbar wie an dem Tag, an dem sie entstanden.

So traurig dies auch ist, gibt es auch eine tröstliche Nachricht: Durch die Spiegelfunktion in Liebesbeziehungen sind die Chancen groß, mit diesen Wunden der Vergangenheit in Kontakt zu kommen und sie zu heilen.

Denn, was macht unser "inneres Kind"? Es steuert uns gezielt in Richtung Mr. Herzensbrecher! Von uns unbemerkt projiziert die Kleine in uns alle Hoffnungen auf einen bestimmten Partner und sorgt dabei oftmals detailgetreu dafür, dass dieser die gleichen "Qualitäten" aufweist wie Papi, Mami oder wer auch immer der Verursacher war. Unser Vater war Alkoholiker? Wir verlieben uns in einen. Unsere Mutter war distanziert? Wir werden von distanzierten Menschen angezogen. Unser Vater hatte eine Geliebte? Wir werden die Geliebte eines verheirateten Mannes, denn wir wollen unbewusst den Vater immer noch ganz für uns haben, und die Dreiecksbeziehung bietet sich an, um ungelöste ödipale Verstrickungen auferstehen zu lassen.

So wird sich unser inneres Kind beispielsweise einen Partner suchen, der in wesentlichen Punkten unserem Vater gleicht. Wir werden versuchen, unserem Traumprinzen die fröhliche, zuversichtliche Partnerin vorzuspielen, die unsere Mutter vielleicht unserem Vater nicht war. Doch das ersehnte Happy End wird dennoch ausbleiben und wir werden nicht begreifen, warum sich das frühkindliche Drama des Verlassenwerdens mit diesem Partner ebenso wiederholt wie schon mit vielen anderen vor ihm.

Carmen: *"Mein Muster mit Männern scheint zu sein: grundlose, unverständliche Zurückweisungen, wie in meiner Kindheit. Willkürlich erscheinender Wechsel von Nähe und Distanz. Es wiederholt sich aus dem offenbar riesigen Bedürfnis heraus, endlich herauszufinden, was ich denn bloß falsch mache – und vor allem:*

Wie kann ich es denn richtig machen? –, dass ich nach gerade noch herzlicher Nähe plötzlich so barsch 'weggekickt' werde. Ich will verstehen! Ein uraltes Motiv, das diese Wiederholungen auslöst und mich gerade immer noch nicht verstehen lässt: Bin ich eigentlich wertvoll (Nähe → Lebensfreude) oder wertlos (Distanz → Depression)? Wobei dies eine Henne-und-Ei-Frage ist: Erlebe ich Nähe und Distanz wie Ebbe und Flut, weil mein eigenes Selbstwertgefühl schwankt? Oder schwankt mein Selbstwertgefühl von klein auf, weil ich die Gründe für Nähe und Distanz nie herausfinden konnte?"

Es liegt auf der Hand, dass Frauen wie Carmen ihr Selbstwertgefühl und ihre Lebensfreude von anderen abhängig machen. So sehr, dass der positive oder negative Verlauf der Beziehung über den Verlauf ihres Lebens bestimmt. Sie tragen in sich keine innere Sicherheit, dass sie es zutiefst wert sind, geliebt zu werden. Sie sind sich eher unsicher und suchen sich Männer, die diese Unsicherheit durch ihr wechselhaftes und distanziertes Verhalten verstärken. Carmen ist nicht in der Lage, sich von einem Partner, der sie dermaßen verunsichert, zu trennen, weil ihre eigene Unsicherheit *"Bin ich es eigentlich wert, geliebt zu werden?"* durch Zurückweisungen aus Kindertagen noch so lebendig in ihr ist.

Es liegt nahe, warum wir uns all diese "Doppelgänger" aussuchen: Weil wir mit ihrer Hilfe die ganze Geschichte, das Drama des Kindes, wieder lebendig werden lassen können. Es soll ans Licht kommen oder besser: ins Licht, um unser Leid zu heilen und aufzulösen. Unser Kind will nichts sehnlicher als gesehen, verstanden und getröstet werden! Und zwar nicht von "irgendjemandem", nein, es soll eine Art Stellvertreter sein, der unserem Elternteil zum Verwechseln ähnlich ist, was sein Verhalten in dieser bestimmten Sache angeht.

Ein Beispiel: Ein kleines Mädchen hört von seiner Mutter immer wieder den Satz: *"Du bist anders als die anderen. Du bist dick, du bist dumm, du bist seltsam und ein hässliches Entlein!"* Wird dieses Mädchen wohl als Erwachsene mit liebenden Augen in den Spiegel sehen und sich vor aufrichtigen Komplimenten kaum retten können? In ihr tobt die quälende Frage: *"Warum kannst du – Mami – mich nicht lieben?"* Und genau dieselbe Frage stellt sie sich, wenn ihr unnahbarer Geliebter sich als Beziehungsflüchtling erweist.

Oder: Eine Dreijährige wacht nachts auf, die Mutter ist nicht da, sie ist ausgegangen. Das Kind steht stundenlang nachts allein auf dem Balkon, weint, schreit, wartet, friert und ruft: *"Mami, Mami, komm zu mir zurück!"* Das allein kann bereits die Geburtsstunde einer späteren Liebessucht sein, bei der sich die erwachsene Frau Männer aussucht, denen sie den Satz *"Komm zu mir zurück!"* oder *"Warum hast du mich verlassen?"* an den Kopf werfen kann!

Nur leider funktioniert es nicht so, wie die Kleine in uns sich das vorstellt: Statt erlösender Antworten muss sie jedes Mal nur aufs Neue erfahren, dass sich ihre Erfahrungen aus der Kindheit wiederholen. Egal, welchen Kandidaten sie auch ausquetscht: Er ist mit ihrer Fragerei hoffnungslos überfordert und streut höchstens noch Salz in die Wunden, statt sie zu heilen.

Wen wundert's? Ihr inneres Kind hat sich nämlich jemanden ausgesucht, der weder Antworten auf die brennenden Fragen geben *kann* noch die Fähigkeit besitzt, ein Gefühl der emotionalen Sicherheit und Geborgenheit zu vermitteln. Wie auch? Auch seine Kindheit war wahrscheinlich nicht gerade prickelnd!

Der überforderte und überraschte Mann wird im Regelfall also nichts weiter sagen oder tun können, um das Drama deines inneren Kindes aufzulösen. Sehr wahrscheinlich wurde er nicht nur einmal in der Damenwelt mit diesen Fragen konfrontiert und reagiert entsprechend allergisch und ratlos mit Rückzug, was die Herzdame erneut in große Traurigkeit stürzt.

Im Gegenteil: Statt uns Trost und Erklärung zu geben, wird der Partner als Spiegel bestimmter Anteile in uns immer wieder den "Müll" in uns hervorkitzeln, den wir eigentlich loswerden wollten. Durch seine Schwächen und sein unbefriedigendes Verhalten werden wir uns wiederum auf eine Art und Weise benehmen, die weder er noch wir an uns schätzen können. Er dient als "rotes Tuch", um uns eigene Abgründe bewusst zu machen. Leider wissen wir in den meisten Fällen nicht, wie wir damit umgehen sollen und verlieren uns dann eher in Ratschlägen an ihn, wie er zu sein habe und was er an sich verbessern kann oder soll. Dabei geht es weniger um den Mann – es geht um das Problem, das frau mit *ihm* (oder einem anderen) hat. Der Mann ist nur der Auslöser. Die Ursachen der Probleme, die der wechselseitige Kontakt mit sich bringt, liegen in der Liebessüchtigen selbst.

Wenn wir alle auf die eine oder andere Art traumatische Erlebnisse hatten, macht uns das dann nicht alle zu liebesbedürftigen Opfern fehlender Zuneigung und Bestätigung? Da ich keine Psychologin bin, überlasse ich dieses sensible Thema lieber Menschen, die sich damit auskennen. Mein Buchtipp dazu lautet *Aussöhnung mit dem inneren Kind* von John Bradshaw und Erika Chopich. Ich denke, dass es auf die Intensität und Häufigkeit des Erlebten ankommt. War Missbrauch in irgendeiner Form im Spiel, kann man ganz sicher davon ausgehen, ein zutiefst verletztes Kind in sich zu haben, das verzweifelt nach Gehörtwerden und Heilung schreit. Ich möchte dir lediglich vor Augen halten, dass das Kind, das du einmal warst, dieses Trauma wiederholt, weil es die schmerzvolle Erfahrung zu Recht überwinden möchte.

Was für ein Kuddelmuddel! Und da soll noch einer eine glückliche Beziehung hinkriegen. Noch mal zum Mitschreiben: Der auserwählte Partner *kann* uns nicht retten! Nicht, weil er nicht will. Er ist weder der Papa noch die Mama noch ein Psychologe! (Es sei denn, er ist doch einer oder er ist spirituell so weit fortgeschritten, dass er die entsprechende Weisheit und das Handwerkszeug hat, uns auf die richtige Fährte zu führen.) Er hat auf diesem Gebiet kein Talent, und die dunklen Momente unserer Kindheit zu erhellen, ist auch überhaupt nicht *seine* Aufgabe! Dafür kann man sich entweder psychologischen oder spirituellen Beistand holen. Der ist sogar bitter nötig. Erst wenn wir aufhören, am falschen Baum zu bellen, haben wir eine Chance auf Heilung. Und wo bitte ist der "richtige" Baum? – In dir selbst! *Du* bist die Person, auf die du immer gewartet hast, lautet die Erkenntnis von Pia Mellody.

Auch wenn das dem ersten Anschein nach nicht gerade nach Ermutigung klingen mag, kannst du dir selbstbewusst sagen: *"Ich bin jetzt eine erwachsene Frau, die Verantwortung übernehmen kann, und ich nehme mein inneres Kind sicher an die Hand. Ich bin für uns beide da. Die Vergangenheit ist vorbei, und vor mir/ uns liegt eine neue Zukunft!"*

"Probleme kann man niemals mit derselben Denkweise lösen, durch die sie entstanden sind. – Mehr als die Vergangenheit interessiert mich die Zukunft, denn in ihr gedenke ich zu leben."

Albert Einstein

Die Auflösung der Frage, warum wir uns immer wieder aufs Neue unglücklich in den "Falschen" verlieben, lautet also: Der Mann unseres Herzens bedient unsere Kindheitsdramen. *Daher* fühlt man sich beim anderen wie zu Hause. Wir hoffen darauf, dass *er* endlich etwas auflöst und uns damit erlöst. Doch wir müssen uns da meistens ohne seine Hilfe herausholen, denn mit unserer stillschweigenden Anklage verunsichern wir ihn nur. Er ist mit unseren Verletzungen und unserer Traurigkeit mehr als überfordert.

Selbst wenn wir den oder die Verursacher unseres Traumas auf die Klärung unseres Kummers ansprechen würden, bekämen wir wohl keine Antwort, die endlich Licht ins Dunkel bringen könnte. Spätestens seit es Familienaufstellungen gibt, wissen wir: Auch unsere Eltern leiden und litten unter Verstrickungen, die sie von den Generationen vor ihnen übernommen und unreflektiert an uns weitergegeben haben – wie eine ansteckende Krankheit. Wie also sollen sie uns weiterhelfen, wenn sie sich noch nicht einmal ihres eigenen Verhaltens beziehungsweise ihres traumatisierenden Musters bewusst sind?

Doch zum Glück sind wir jetzt "erwachsen" und keine Opfer mehr. Trotz des Erlebten sind wir in der Lage, das verletzte Kind in uns liebevoll in den Arm und an die Hand zu nehmen! Wir können uns jetzt selbst zu erklären versuchen, wozu Mama und Papa nicht in der Lage waren. Auch wenn wir die Antworten vielleicht lieber von unseren Eltern gehört hätten: Jetzt sind wir an der Reihe und selbst in der Lage, uns Halt und Erklärung zu geben – auch wenn es enttäuschend ist, dass die ersehnten Antworten in den meisten Fällen nicht von ihnen kommen.

Solange wir das nicht tun, kann eine Beziehung ein zu heißes Feuer für uns sein, an dem wir uns nur ständig die Finger verbrennen, da wir in jedem Partner unbewusst den "Erlöser" suchen. Und das geht auf die Dauer schief.

Sollen wir also ganz die Finger von Beziehungen lassen und erst mal in "Liebeskur" gehen? Ich glaube, die Antwort lautet nein – auch wenn ich eine Kureinrichtung für Liebeskummer-Geplagte für eine geniale Idee halte. Ich glaube nicht an ein "erstens, zweitens" aus dem Lehrbuch. Wir können nicht immer alles planen und vorher bewältigen, sprich: uns unabhängig von den Herausforderungen einer Partnerschaft schulen und dann mit dieser neuen Sichtweise den "richtigen" Partner wählen. Das Leben ist nicht so. Wir bestimmen ja auch nicht bewusst den Zeitpunkt, in dem wir uns verlieben. Es geschieht einfach, es passiert uns einfach.

Doch wir können die Zeit, in der wir ohne Partner sind, als Geschenk für unsere Heilung nutzen, statt mit hängender Zunge krampfhaft nach Mr. Right zu suchen! Erstens kommt auf diese

Weise sowieso kein liebevoller Mann in unser Leben, und zweitens ist mit solch einer bedürftigen Einstellung zum anderen (oder gleichen) Geschlecht bereits die nächste unglückliche Geschichte vorprogrammiert. Ist eine Frau gewillt, an sich zu arbeiten, und erkennt sie die Themen hinter ihrem Traumprinzen mit Hindernissen, ist dies schon mal der erste wichtige Schritt zur Besserung und damit die halbe Miete. Um eine andere Partnerwahl treffen zu können, muss sie sich erst einer regelrechten Metamorphose stellen. Es wäre vertane Zeit, wie in einer Art Liebeslotterie auf den "Richtigen" zu warten. Sie würde so lange das gleiche Los ziehen, wie sie sich mit spezifischen Themen nicht auseinandersetzt, vor allem damit, liebessüchtig zu sein. Denk einmal darüber nach, welche Rolle du in deiner Familie gespielt hast: Warst du die Retterin? Das Opfer? Das schwarze Schaf? Die Prinzessin? Das einsame Einzelkind?

Tritt ein Mensch in dein Leben, der durch irgendetwas in seinem Verhalten die wunden Punkte aus deiner Kindheit berührt, so wird dadurch dein entsprechendes Programm aktiviert, das seine gespeicherten Verhaltensmuster abspult, die den Verlauf deiner Beziehung bestimmen. Unter diesem Aspekt stellt also jeder neue Partner eine Herausforderung dar, an unseren inneren Mustern zu arbeiten.

Wenn wir unser Singledasein nicht als Fluch, sondern als Chance sehen, uns in puncto Selbstwert und Selbstachtung zu stärken, und bereit sind, an unseren eingefahrenen Gewohnheiten, die uns davon abhalten, harmonisch mit uns selbst und einem Partner zu leben, zu arbeiten, dann kann diese Auszeit ein guter Start in Richtung dauerhaftes Erleben einer glücklichen Liebe sein. Am Anfang einer solchen Liebesbeziehung steht die aufrichtige Liebe zu uns und unserem Leben!

Die Gänseblümchenfrage: *"Ruf' ich an? – Ruf' ich nicht an?"*
Angenommen, du bist bereit, zu vertrauen und deine zwanghaften Gedanken an den Mann deiner Zuneigung loszulassen. Du

nimmst dir vor, dich etwas zurückzuziehen. Doch dann erlebst du, dass dein Vorsatz nicht lange andauert. Obwohl du fest entschlossen bist, dich nicht zu melden, überkommt dich wieder der unerträgliche Drang, ihn anrufen oder simsen zu müssen. Was kannst du tun?

Zunächst einmal, entlasse bitte eventuelle Schuldgefühle, dass du wieder schwach geworden bist. Denn so einfach ist es nun mal nicht, bestimmten Verhaltensmustern in uns zu entkommen – erst recht nicht, wenn sie unterbewusst ablaufen. Sei also nicht so hart zu dir. Dass es zwecklos ist, einem Mann hinterherzutelefonieren, der weniger Interesse an dir zeigt als du an ihm, ist dir sicher längst klar. Dennoch ist eine strikte Benimmregel nach dem Motto *"Melde dich niemals bei ihm und überlasse ihm die Initiative"* auch nicht des Rätsels Lösung.

Regeln sind da, um gebrochen zu werden. Es geht nicht darum, ob du dich "richtig" oder "falsch" verhältst. Du wirst weder dafür "belohnt", dass du anrufst – noch, dass du *nicht* anrufst! Es geht vor allem darum, mit welcher Energie und Motivation du dich meldest. Was ist deine innere Haltung, wenn du mit ihm Kontakt aufnimmst?

Nehmen wir an, du kannst an nichts anderes mehr denken, als seine Stimme hören zu wollen. Empfindest du diesen Wunsch als unwiderstehlichen Drang, der dir das Hirn so sehr vernebelt, dass nichts und niemand mehr Bedeutung hat? Oder hast du einfach Lust, den Klang seiner Stimme zu hören, und möchtest ein wenig flirten und deinen Liebsten an deiner guten Stimmung teilhaben lassen? Deine innere Haltung bestimmt deine Ausstrahlung, egal, wie geschickt du versuchst, diese zu überspielen.

Kannst du Verlustangst als Motivation in dir wahrnehmen? Das ist die Urangst des kleinen, verzweifelten Mädchens in dir, dass sich seit langer Zeit nach Nähe und Trost sehnt. Rufst du deinen Lover aus der Not deines verletzten Kindes heraus an, versuchst du unbewusst, die Verantwortung für die unguten Gefühle in dir an ihn abzugeben. Du hoffst, er möge dir deine Unruhe und schwelende Verlassensangst nehmen. Solange dir nicht bewusst ist, dass es sich bei deinen extremen Sehnsuchtsattacken um eine Projektion handelt, weil die Kleine in dir sich nach Aufmerksamkeit, Geborgenheit, Sicherheit und Bestätigung sehnt. Sie wünscht sich nichts mehr, als endlich aus ihrem Kellerverlies ans Licht zu gelangen und von einem Retter in den Arm geschlossen zu werden. Das ist der Grund, warum das Gefühl, deinem Liebsten nahe sein zu müssen, übermächtig werden kann. Du siehst jetzt vielleicht, warum das Thema des inneren Kindes so wesentlich für deine Ganzheit und auch für deine Beziehungen ist.

Nochmal zurück zur Gänseblümchenfrage. Was möchtest du ihm durch deinen Anruf *geben*? Hast du ihm überhaupt Liebe anzubieten, oder bist du völlig besetzt von der Fixierung auf ihn und von dem, was du von ihm zu bekommen hoffst? Die andere wesentliche Frage in solchen Momenten ist, ob du dich weggibst oder bei dir bleiben kannst. Denn letztlich geht es immer um die Beziehung von *dir* zu *dir*. Fühlst du dich schlecht, nachdem du deinen Auserwählten kontaktiert hast, dann hat das damit zu tun, dass ihr beide auf einer verborgenen Ebene fühlt, dass du nur aufgrund fehlender Faszination für dein eigenes Leben den Kontakt suchst. Was er dann über dich denkt, das ist eigentlich zweitrangig. Du willst doch in deiner Mitte bleiben – und wenn du sie jedes Mal verlässt, weil er in deine Gedanken kommt, dann sagt das eher etwas darüber aus, wie gerne du Zeit mit dir selbst verbringst.

Meldest du dich bei ihm, weil es dir einfach gut geht und du dein gutes Gefühl mit ihm teilen möchtest, stehen auch die Chancen gut, dass er sich nicht von dir bedrängt fühlt, sondern sich dir leichter öffnen kann. Nimmst du dagegen Kontakt mit ihm auf, weil die Sucht nach ihm unerträglich wird, überträgt sich deine fordernde Energie. Deine Gedanken kreisen ständig um den Mangel und die Sehnsucht und behindern dich in allem, was du ansonsten tust oder vielleicht tun möchtest. Du suchst nach Erlösung dieser Gedankenfixierung und willst dich melden, damit die Sehnsucht gestillt wird und dieses innere Abwägen *"Ruf ich an? – Ruf ich nicht an?"* aufhört. Sicherlich könntest du dich ablenken, rausgehen, etwas mit Freunden unternehmen. Doch löst das nicht dein wirkliches Problem: Streng genommen sind diese Ablenkungsmänover eher eine Flucht. Denn nach Hause zurückgekehrt, sitzt du wieder vor deinem Telefon wie das Kaninchen vor der Schlange.

Aus reiner "Bedürftigkeit" ist es jedenfalls keine gute Idee, deinen Romeo anzurufen, denn dann besteht die Gefahr, dass er sich von dir verfolgt, vereinnahmt oder unter Druck gesetzt fühlt. Es macht also Sinn, dich vor einem Telefonat zu sortieren und zu reflektieren, ob deine Kontaktaufnahme aus deinem süchtigen Programm heraus geschieht.

Selbstliebe ist ein Prozess, der nicht über Nacht abläuft. Nimm dir Zeit und hab' Geduld mit dir. Schließlich warst du über Jahre daran gewöhnt, dich abzulehnen und nicht für "gut genug" zu halten, um wirklich geliebt zu werden.

Übung
Herzheilung: Die Botschaft deines inneren Kindes

Kinder verdrängen meist traumatische Erfahrungen, die zu schmerzhaft waren, um sie im Bewusstsein zu bewahren. Dieses "Wegdrücken" von Kummer ist eine Überlebensstrategie. Es ist gut möglich, dass du heute immer noch bestimmte Wunden der Vergangenheit verleugnest. Solange du jedoch die Geschichte von damals ignorierst, wird dein inneres Kind damit beschäftigt sein, dich auf seinen Kummer aufmerksam zu machen, indem es diesen auf deine Partner projiziert. Wenn dir diese Projektionen bewusst werden, kannst du heilsame Schritte unternehmen, um all den Schmerz, der ins Schattenreich verdrängt wurde, nach und nach zu erlösen. Mit dieser tiefgründigen Heilung wird es keinen Grund mehr für dich/dein inneres Kind geben, die alten Geschichten im Außen wieder und wieder zu erzählen und sie zu reinszenieren. Du selbst bist die rettende Antwort! Du wirst diesen Satz verstehen, sobald du bereit bist, die Tiefe dieser Aussage zu leben. Falls dich dieser Gedanke nicht so recht begeistern kann, liegt das daran, dass du bzw. die Kleine in dir lieber von deinem Helden erlöst würde. Das kleine Mädchen in dir würde es sich wünschen, deine Eltern wären die Retter und es käme zu einem Happy End. In deiner Idealvorstellung würden sie alle Wunden, die sie dir einst zugefügt haben, heilen, sich bei dir entschuldigen, dich fest in den Arm nehmen und trösten. Alles wäre endlich gut. Vielleicht ist es dir vergönnt und du kannst dich mit deinen Eltern aussöhnen und ihnen verzeihen, doch deine Kindheit kommt trotzdem nicht zurück. Deswegen geht es vor allem darum, nach vorne zu schauen und dir selbst von jetzt an die Liebe und Zuneigung zu geben, nach der du dich schon so lange sehnst. Ich weiß, das klingt nicht besonders plausibel, weil du glaubst, dass zur Liebe immer zwei gehören. Diese zwei Personen bist du selbst: Du bist sowohl die erwachsene Frau als auch das kleine Mädchen. Reiche der Kleinen in dir die Hand, öffne dein Herz, schenke ihr Liebe, Trost und Aufmerksamkeit. Konkret bedeutet das: Behandle dich ab sofort genauso liebevoll, wie du es schon als kleines Kind verdient gehabt hättest. Du bist größer geworden, aber nicht weniger liebenswert! Es wird Zeit, dass du das Ruder herumreißt, denn jetzt bist du groß genug, um selbst über den Verlauf deines Lebens zu bestimmen.

Du kannst die Vergangenheit loslassen und umschreiben, sobald du das Leid, das deinem inneren Kind zugestoßen ist, anerkennst und die Kleine in dir tröstest. Erst wenn das Alte betrachtet und angenommen wurde, kann Heilung geschehen und das Neue beginnen!

Je nachdem, wie schwer diese Verletzungen waren, ist es sinnvoll, dass du dir therapeutische Hilfe dazu holst, sei es durch Psychotherapie (ich empfehle dir vor allem Psychologen, die auch spirituell arbeiten), Familienaufstellungen nach Bernd Hellinger, Coaching bei meiner geschätzten Kollegin Katja Sundermaier oder auch ein paar Sitzungen bei einem Transformationstherapeuten nach Robert Betz. Du kannst aber auch selbst etwas tun, denn du stehst dir ja selbst am nächsten. Nimm Kontakt mit der Kleinen in dir auf, die in deinem Unterbewusstsein sehr lebendig ist und die dir SOS-Botschaften ihres Kummers sendet.

Es gibt viele Möglichkeiten, um in Kontakt mit deinem inneren Kind zu kommen. Zum Beispiel kannst du dem kleinen Mädchen, das du einmal warst, einen Brief schreiben. Die Überschrift könnte lauten: *"Hallo meine Kleine. Was kann ich für dich tun?"*

Ein Brief an das Kind in dir könnte folgendermaßen beginnen: *"Hallo meine kleine ... (hier deinen Rufnamen/Kosenamen aus deiner Kindheit einsetzen)! Ich erinnere mich jetzt daran, dass du in der Vergangenheit viele traurige Dinge erleben musstest, die du verdrängt hast, um irgendwie damit umgehen zu können. Du warst mit deinem Kummer ganz alleine und du warst sehr tapfer. Aber jetzt bin ich da, die Große, die ich geworden bin, und ich bin bereit dafür, dass du mir deine große Traurigkeit anvertraust, damit ich dich trösten kann. Wie geht es dir? Hast du Kummer in deinem kleinen Herzen? Willst du mir etwas anvertrauen?"*

Schreibe dann einfach alles auf, was dir in den Sinn kommt. Lass es zu, dass die traurige Geschichte oder Situation zu Tage gefördert wird – doch ohne das Kind, das du einmal warst, dafür zu verurteilen. Erinnere dich immer wieder, dass es einen sehr sensiblen und zerbrechlichen Wesensanteil in dir gibt, um den du dich selbst kümmerst.

- *Ich erkenne die tiefe Traurigkeit meines inneren Kindes an.*
- *Ich höre zu, wenn mir mein inneres Kind etwas anvertrauen möchte.*
- *Ich sage der Kleinen in mir, wie stolz ich auf sie bin, und gebe ihr Raum.*

Es ist auch eine schöne und hilfreiche Erfahrung, geführte Meditationen zu machen. Das kannst du z. B. bei einem Transformationstherapeuten erleben oder einfach zu Hause mit Hilfe einer Meditations-CD. Ich empfehle dir *Befreie und heile das Kind in dir* von Robert Betz, *Verzeihen ist Leben* von Louise Hay oder auch *Die Medizin der Engel von* Doreen Virtue. Ein wunderbares Buch zum Thema ist auch von Thich Nhat Hanh erschienen: *Versöhnung mit dem inneren Kind.*

Loslassen kannst du nicht gewaltsam

Was bedeutet Loslassen in unserem Zusammenhang überhaupt? Loslassen heißt weder Vergessen noch Gleichgültigkeit. Es steht für die Fähigkeit, in Freude und Liebe an jemanden denken zu können, ohne ihn mit aller Gewalt an sich binden zu müssen. Loslassen bedeutet, sich und andere von Fesseln zu befreien, indem wir fähig werden, fixierende Gedanken aufzugeben und dem anderen seine Freiheit zu lassen – und zwar bereits *in* der Beziehung, nicht erst dann, wenn der Partner weiterziehen möchte. Im Übrigen steckt in dem Wort Loslassen auch die Bedeutung, jemanden zu *lassen*. Ihn so zu lassen, wie er ist – ohne an ihm herumzudoktern.

Loslassen ist also eine Voraussetzung für glückliche Beziehungen. Wenn du eisern an einer Verbindung festhältst, die nicht (mehr) funktioniert, die dir deine Energien raubt, dich sehr unglücklich macht und dein Selbstwertgefühl beschädigt, kann kein Raum für Heilung entstehen. Theoretisch mag dir das alles sonnenklar erscheinen. Doch, wie sieht diese Theorie in der Praxis aus?

Eva: "*Eigentlich lasse ich nur los, um einen Mann zu halten! Die Angst, ihn zu verlieren, ist so groß, dass ich so tue, als ließe ich los, damit er sich frei fühlen kann und mich nicht verlässt. Doch eigentlich ist das nur eine Strategie. Ich weiß gar nicht, wie das gehen soll: loslassen!*"

Loslassen, um festzuhalten: Genau da liegt der Hase im Pfeffer! Viele Frauen betrügen sich selbst, indem sie sich und Mr. Wonderful vormachen, sie würden loslassen. Doch insgeheim haben sie so große Angst davor, die Kontrolle zu verlieren und allein zu bleiben, dass sie eben nur so tun "als ob". Solche Strategien gehen nicht auf, denn der Unterschied zwischen wahrer Freiheit und faulem Zauber kommt immer irgendwann ans Licht. Und das ist auch gut so, denn Liebe ist und lässt frei.

Stell dir einfach einmal vor, jemand würde dich festhalten. Fühlt sich das gut an? Findest du, jemand hat das Recht dazu? Fühlst du dich auf diese Weise geliebt? Entsteht bei dieser Vorstellung in dir nicht eher der Drang, dich loszueisen?

Eifersucht mag ja romantisch und in gewisser Weise schmeichelhaft sein. Dahinter stecken aber nichts als Angst, Minderwertigkeitsgefühle und Besitzanspruch. Zu glauben, den alleinigen Anspruch auf jemanden zu haben, ist ein Trugschluss, der nichts weiter bewirkt, als den anderen einzuengen – mit oder ohne Fangeisen.

Wenn wir krampfhaft festhalten, halten wir Energie zurück, und was wir festhalten, kann sich nicht bewegen. Mit dem erfolgreichen Loslassen kommt das Gefühl der Würde und der Befreiung in dein Leben. Es kann sogar sein, dass eine Person, die du in Liebe losgelassen hast, wieder zu dir zurückkommt. Eben weil du diesem Menschen die freie Entscheidung lässt, und von diesem Moment an weißt du, dass es sich bei eurer Verbindung um wirkliche Liebe handelt. Es kann, muss allerdings nicht immer so kommen.

Jedenfalls lohnt sich das Loslassen immer, weil dein Schatz sich auf diese Weise wieder frei bewegen kann - und *du* auch! Stell dir vor, du starrst wie das Kaninchen auf die Schlange, fixierst den Mann, der gar nicht der ist, wofür du ihn hältst, während der wahre Mr. Right sich bereits in deinem Umfeld befindet und versucht, sich dir zu nähern. Du blockierst dich also selbst, denn durch deine Scheuklappen nimmst du ihn nicht wahr und riskierst, ihm niemals zu begegnen. Während du also einem Verflossenen nachtrauerst, kannst du einen neuen Menschen in deinem Leben gar nicht wahrnehmen, und je länger du an Vergangenem hängst, desto länger wird es auch dauern, bis du dich wieder für einen anderen öffnen kannst.

Wenn ein Mann sich dir aus freiem Herzen zuwendet, ist das wunderbar und ein Ausdruck seiner Zuneigung für dich. Versuchst du ihn jedoch dazu zu zwingen, ist es nur eine Frage der Zeit, bis er sich von dir zurückziehen wird. Erst wenn der Mann an deiner Seite das Gefühl haben kann, dass du ihn in keinster Weise gängeln möchtest, wird er sich in deiner Nähe wirklich wohlfühlen und dir geben *wollen*, was er dir anzubieten hat.

Festhalten hat immer mit Angst zu tun, sei es die Urangst, jemanden zu verlieren, die Angst vor Veränderung oder die vor dem Unbekannten. Es ist ganz natürlich und auch berechtigt, solche Ängste zu empfinden. Doch wir leben ein sehr eingeschränktes Dasein, wenn wir darin stagnieren.

Wenn du dir das krampfhafte Festhalten einmal so vorstellst, dass du dich aus Furcht vor dem vermeintlichen Abgrund an ein Rettungsseil klammerst, dann ist es verständlich, dass du dieses Seil, deinen Zipfel Hoffnungsschimmer, nicht loslassen willst und auf einen von deinem Helden gesteuerten Rettungshubschrauber hoffst. Zu glauben, wir stürzten in einen dunklen Abgrund, aus dem wir nie wieder herauskommen, weil ein Mensch sich ohne dich weiterentwickeln möchte, ist eine Illusion. Als Kinder waren wir solchen angsteinflößenden Situationen hilflos ausgeliefert. Doch jetzt ist die Zeit gekommen, die alten Wunden zu betrachten, zu heilen und durch die Angst hindurchzusehen. Statt vor der Angst zurückzuschrecken, lohnt es sich, sich ihr tapfer zu stellen. Bildlich umschrieben: Wage dich, an die Tür mit der Aufschrift "Angst! Betreten auf eigene Gefahr" zu klopfen. Indem wir die

Angst herausfordern, können wir sie überwinden und unseren Radius erweitern. Die einstigen Begrenzungen verwandeln sich mit der Zeit immer mehr in Leichtigkeit und Mut. Bringst du den Mut auf loszulassen, wirst du erfahren, dass der klaffende Abgrund, vor dem du dich so gefürchtet hast, nichts als Illusion war. Tatsächlich hast du nämlich nur drei Zentimeter über dem Boden geschwebt, und dein Drama vom Sturz in tausend Meter Tiefe war nur von deiner Fantasie inszeniert. Dir schien es so, als sei dein Leben ohne seine Liebe wertlos und als gäbe es dann nichts mehr als Leere und Dunkelheit in dir.

Anfangs fühlt es sich tatsächlich so an, wenn eine Beziehung zu Ende geht. Wir kennen alle den grässlichen Schmerz, den eine Trennung auslöst. Doch dieser Schmerz bleibt nicht bis in alle Ewigkeit, und ich möchte meiner Großmutter beipflichten, dass *"ein Ende mit Schrecken dem Schrecken ohne Ende"* vorzuziehen ist.

Die Vorstellung loszulassen mag schwer sein. Doch –, ist Festhalten nicht viel schwerer? Beim Versuch jemanden festzuhalten, der gehen möchte, verlierst du eine Menge Kraft. Ist das etwa die Haltung, mit der du durchs Leben gehen möchtest? Voller Angst, Misstrauen und Abhängigkeit?

Gelingt es dir, freiwillig loszulassen, öffnest du dich dem Vertrauen ins Leben, das dir eine innere Basis anbietet. Es liegt an dir, ob du sie ausbauen möchtest oder nicht. Schließlich sind wir Reisende auf dem Raumschiff "Liebesabenteuer" und machen nicht umsonst auch traurige Erfahrungen auf unserem Weg zu einer Liebe, die von innen kommt und Bestand hat.

Leider ist die Angst vor dem Fall oder dem Verlust in der Regel stärker als unser Verstand, der uns mit allen Mitteln daran zu hindern sucht, dass Bewegung ins Spiel kommt und das Leben seinen Lauf nehmen kann. So gesehen heißt Festhalten Stillstand, der nur von einer kontinuierlichen Verschlechterung der Situation unterbrochen wird.

Mal abgesehen von deinen Ängsten – warum hältst du an jemandem fest, der dich nicht in seiner Nähe haben will? Was hast du davon, in deinem Drama hängenzubleiben? Wahrscheinlich hoffst du bzw. das innere Kind in dir, deine hartnäckige Fokussierung würde sich auszahlen. Du glaubst, du müsstest nur lange genug jammern, klammern, hoffen, beten und warten, bis dein Herzallerliebster dich aus deiner misslichen Lage befreit und er endlich zu der Gestalt in der schimmernden Rüstung wird, die du bereits seit geraumer Zeit in ihm zu sehen glaubst. Dieser Traum motiviert dich, weiter festzuhalten, selbst wenn sich keinerlei positive Entwicklung abzeichnet. Doch Festhalten heißt Stillstand: Du blockierst dich auf deinem Weg.

Was tun, wenn du nicht loslassen kannst? Die unbändige Sehnsucht verdrängen? Den Kopf in den Sand stecken? Davon wird auch nichts besser. Die Zeit alle Wunden heilen lassen? Keine schlechte Idee. Der Schmerz lässt dann auf Dauer etwas nach, und der Verstand erhält langsam wieder die Oberhand. Doch nicht auf Dauer. Ist das die Lösung?

Ich glaube fast, die Antwort lautet für viele leider einfach: weiter leiden! So lange, bis man vom Festhalten absolut bedient ist und erkannt hat, dass es trotz aller Anstrengung nicht das erwünschte Ergebnis, sondern eher das Gegenteil bringt. Wir sind wie Kinder, die ihre eigenen Erfahrungen machen müssen und meist erst dann lernen, wenn der Lehrer Schmerz (häufig auch Krankheit) in unser Leben tritt. Die Zeit der Erfahrungen, in denen man sich durch die eigene Sturheit immer wieder aufs Neue die Finger verbrennt, scheinen manche Menschen unbedingt zu brauchen. Sie erdulden ihr Leiden, bis sie einsehen müssen, dass es sie nicht weiterbringt, auf jemanden zu hoffen, der sich nicht so verhalten will oder kann, wie sie sich das vorstellen.

Das häufig benutzte und für viele unangenehm klingende Wort "loslassen" funktioniert nur, wenn man tatsächlich bereit ist, gewohnte Schwächen wie Klammern, Kontrollieren, Warten und Erwarten, Druck und Schuldzuweisungen aufzugeben beziehungsweise zu verwandeln. Und an diesen Punkt kommt man meistens nur über einen längeren Entwicklungsweg.

Wenn jedoch körperliche Gewalt im Spiel ist oder sogar deine Beziehung an einem Punkt angelangt ist, wo deine Gesundheit oder gar dein Leben auf dem Spiel steht, hört der Spaß auf! Dann solltest du dir so schnell wie möglich professionelle Hilfe holen! Es kann nicht sein, dass unter dem Deckmantel der Liebe Missbrauch in irgendeiner Form geduldet wird. Gehörst du zu der hartnäckigen Sorte, die mit aller Gewalt an jemandem festhält, der dir wirklich schadet, ist es durchaus möglich, dass in der äußeren Realität etwas passiert, damit Bewegung in die eingefahrene Situation kommt. Manchmal muss man leider erst einmal an den Punkt kommen, wo das Festhalten so wehtut, dass man notgedrungen damit aufhört. Dadurch wirst du quasi zu einem überfälligen Schritt gezwungen. Diese äußeren Faktoren können zum Beispiel Krankheit, eine extreme Verschlechterung der Situation, ein Verlassenwerden oder dergleichen sein. Wenn *wir* uns nicht bewegen, bewegt uns das Leben. Letztlich immer zu unserem Besten, denn das Leben ist Veränderung.

Eine meiner Lieblingsautorinnen, Shakti Gawain, hat einmal den weisen Satz gesagt: *"Was du loswerden möchtest, bleibt bei dir!"* Oberflächlich gesehen ein scheinbarer Widerspruch, doch bei genauerer Betrachtung erkennen wir, dass wir nur los- oder hinter uns lassen können, womit wir wirklich fertig sind. Die vielfältigen Lernaufgaben des Lebens lassen unsere Probleme nicht einfach verschwinden, bevor wir nicht daran gewachsen sind. Dies gibt uns die Möglichkeit, unsere Liebesfähigkeit zu erweitern und uns von alten Zöpfen zu befreien.

Loslassen kannst du nicht gewaltsam! Der Versuch, dir jemanden aus dem Kopf zu schlagen oder aus dem Herzen zu reißen, muss scheitern. Das Gegenteil wird passieren: Du denkst immer intensiver an die geliebte Person und steigerst dich in Trauer, Depression, Sucht und Kontrollverhalten hinein. Deine Gedanken kreisen fast ausschließlich um den Mangel, und es geht dir nicht besser, sondern immer schlechter dabei.

Der Mangel an Liebe, Zuspruch, Geborgenheit und Nähe macht es so schwer loszulassen, weil wir hoffen, jemand würde uns all das geben, um unsere Wunden zu heilen. Wir sind darauf programmiert, nach äußerer Wertschätzung zu suchen, solange unsere Sensoren nach außen gerichtet sind. Unbewusst haben wir das Bedürfnis, ein energetisches Loch in uns zu füllen. Aus diesem Blickwinkel heraus fällt die Vorstellung schwer, dass alles, was wir uns so sehnsüchtig wünschen, bereits in uns ist. Doch wir können genau diese Erfahrung machen.

Loslassen ist immer der Anfang einer positiven Veränderung: der Übergang vom Misstrauen ins Vertrauen. Die Investition von Vertrauen ins Leben bringt das sofortige Gefühl von Erleichterung mit sich – für beide Beteiligten, nicht nur für die Person, an der du hängst. Oder besser: Du leitest damit eine Transformation ein. Was festgefahren und starr war, beginnt sich zu bewegen, wenn du Menschen und Vorstellungen nicht mehr gewaltsam festhältst, sondern ihnen ihren Freiraum lässt. Dann gerät alles wieder in Fluss, und angestaute, negative Emotionen in dir verwandeln sich. Sage ich ja zum Fluss des Lebens, der Energie? Die einzige Konstante im Leben ist Veränderung. Alles verändert sich in jedem Moment, auch du und deine Beziehungen.

Nicht loslassen zu können, ist immer auch ein Zeichen von mangelndem Vertrauen in die Kraft, die in dir ist und die dich sicher durchs Leben führt.

Erklärungen nützen wenig, wenn wir sie nicht auf unsere Erfahrungen beziehen können. Nur was wir am eigenen Leib erlebt haben, verstehen wir. Der Knackpunkt beim Loslassen ist folgender:

Es ist ein entscheidender Schritt, aus dem Leiden auszusteigen. Du kannst dabei nur gewinnen! Ob und wann du das tust, bleibt wie immer allein dir überlassen.

Übung

Herzheilung: Loslassen mit Leichtigkeit und die Kraft des Verzeihens

Wir haben jeden Tag die Chance, uns hemmungslos ins Leben zu verlieben und die Erfahrung zu machen, vor Liebe überzufließen. Es ist ein beglückendes Gefühl, aus dem Vollen zu schöpfen, anstatt als Liebeshungerhaken schmachtend nach ihr Ausschau zu halten. Loslassen heißt, sich vom Fluss der Liebe tragen zu lassen. Öffne dich dem Strom der Liebe in dir und erlebe, wie einfach alles wird. Lass dein Leben erblühen!

Es gibt eine kleine Übung, die den Unterschied zwischen den zwei Arten des Loslassens verdeutlicht. Sie heißt: *"Die Faust öffnen"*. Nimm einen Kugelschreiber in die Hand und halte ihn fest. Jetzt öffne die Hand und lass ihn los. Fällt er auf den Boden, verwechselst du Loslassen mit Verlieren. Bleibt er in deiner nach oben geöffneten Hand liegen, hältst du nicht fest, kannst den Stift aber weiter verwenden. Wenn du etwas in der Hand hast, kannst du nichts Neues in Empfang nehmen, denn dafür ist ja kein Raum. Öffnest du deine Hand und lässt das, was du festhältst, los, ist deine Hand wieder bereit, etwas anderes aufzunehmen.

Das Leben funktioniert tatsächlich so. Was wir loslassen, kann sich entfalten. Loslassen ist die Voraussetzung dafür, dass die Dinge im Fluss sind und sich bewegen können.

Wer oder was von dir geht, kommt in neuem Gewand zu dir zurück. Damit du loslassen kannst, ist es fundamental wichtig, dass du einen Zugang zu deinem Wesenskern findest. Wenn du zu dir findest, fällt dein Leben nicht vollkommen auseinander, wenn ein Mensch geht, auch wenn diese Erfahrung wehtut und traurig ist. Solltest du dich dennoch im Drama wiederfinden, sieh dies als Aufforderung deines verängstigten Kindes, weitere Heilungsschritte zu gehen, um die Schatten der Vergangenheit hinter dir lassen zu können. Erinnere dich daran, dass Loslassen die Bedingung dafür ist, dass etwas oder jemand Neues in dein Leben kommen kann. Habe Verständnis und Mitgefühl für dich selbst. Verstehe, dass es Zeit und stetige Übung braucht, um deine Forderungen immer wieder aufs Neue loszulassen. Sage dir immer wieder:

"Ich freue mich darauf, meinen Radius zu erweitern!"

"Ich freue mich auf die Überraschung, die aus dieser Krise entsteht!"

"Ich vertraue darauf, dass mein Leben neu erblüht!"

Indem du deinen Fokus darauf ausrichtest, alles dafür zu tun, dass es dir gutgeht, lässt du automatisch los, denn das eine bedingt das andere. Je leichter dein Herz sich anfühlt, desto leichter wird es dir fallen, loszulassen und vor Freude "überzufließen". Bis sich dieses Gefühl der Leichtigkeit für dich einstellt, mag es eine Zeit dauern, denn du bist über eine lange Zeit darauf konditioniert worden, aus Angst festzuhalten und dem Leben zu misstrauen. Es ist eine Frage des Trainings und der Entschlossenheit, ob das Gefühl der Leichtigkeit in dir zu einer Gewohnheit werden kann. Doch steter Tropfen höhlt den Stein. Je öfter du die Erfahrung machst, wie schön es sich anfühlt, dem Leben vertrauen zu können, desto leichter wird es dir fallen, loszulassen und die Freiheit zu wählen.

Loslassen durch die Kraft des Verzeihens

Die wirksamste Methode, die ich kenne und praktiziere, um Menschen oder quälende Emotionen loszulassen, ist die hawaiianische Vergebungstechnik *Ho'oponopono*. Dieses uralte schamanische Ritual diente hawaiianischen Familien ursprünglich als wirksames Mittel, um geistige Ursachen für äußere Blockaden zu finden und auf diese Weise Konflikte aus der Welt zu schaffen. Mittlerweile wird *Ho'oponopono* in Ländern rund um den Globus als wirkungsvolle Konfliktlösungsmethode geschätzt und angewendet. Ich möchte dir dazu zwei Bücher empfehlen. Zum einen das sehr schöne und leicht verständliche Einführungsbuch von Ulrich Emil Duprée: *Ho'oponopono - Das hawaiianische Vergebungsritual.* Darin findest du die vier Schlüsselsätze, durch die du einerseits verzeihen und dich andererseits wieder auf den Fluss der Liebe ausrichten kannst. Sie lauten: *"Es tut mir leid."* – *"Ich verzeihe dir/mir."* – *"Ich liebe dich/mich."* – *"Danke!"*

Ein weiteres hilfreiches Büchlein heißt *Ho'oponopono als Weg zur Selbstliebe* von Klaus Jürgen Becker. Es dient der Vertiefung deiner Selbstliebe durch die Auflösung von Blockaden. Ich habe die beglückende Erfahrung machen dürfen, dass selbst tiefe Gefühle von Traurigkeit oder Wut verschwinden, sobald ich aufrichtig nach dem Anteil in mir suche, der diese Erfahrungen in meinem Leben aktiviert. Der Schlüssel zur Vergebung ist, gezielt mit der Kraft universeller Liebe in Verbindung zu gehen, anstatt in Groll, Ärger oder Abwehr stecken zu bleiben. Dies erfordert jedoch die Überwindung des inneren Schweinehunds, der uns einredet, die anderen seien es nicht wert, dass wir ihnen vergeben. Jedes Mal, wenn ich es schaffe, über meinen eigenen Schatten zu springen und die Kraft der Liebe zu aktivieren, geschehen Zeichen und Wunder.

Ho'oponopono – vier Sätze für deinen inneren Frieden

Werde dir zunächst darüber klar, was dich bedrückt, verärgert oder traurig macht. Worüber bist du außer dir? Wer hat dich verärgert oder verletzt? Du kannst diesen Konflikt auch aufschreiben oder jemandem anvertrauen. Wenn sich deine Emotionen klar zeigen, kannst du mit dem Vergebungsritual beginnen. Wenn nicht, hilft die Frage an dich: "Was wirfst du *dir* vor?" Denn letztlich sind alle Vorwürfe immer die Kehrseite von Selbstvorwürfen, die wir uns nicht eingestehen möchten. Sei also so ehrlich wie möglich mit dir: Welchen Anteil hast du an der Situation? Was möchtest du dir selbst verzeihen? Sobald du eine emotionale Ladung in der spürst, die deine Emotionen stärker werden lässt, kannst du zu den vier Sätzen übergehen.

Setze dich entspannt hin und schließe die Augen. Imaginiere zunächst, wie du dich für den Lebensstrom der Liebe öffnest und dich energetisch verbindest. Du kannst dir auch vorstellen, wie du dich für deinen stets anwesenden Schutzengel und Seelenführer öffnest oder wie dich liebevolles Licht in einer Farbe deiner Wahl durchströmt. Sieh die betreffende Person vor dir, mit der du einen Konflikt erlebt hast. Sprich langsam die vier Sätze vor dich her in der aufrichtigen Absicht, deinen Groll wirklich loszulassen.

"Es tut mir leid ..." Lasse zu, was auch immer konkret nach diesem Satz als Erweiterung kommt, wie z. B.: *"Es tut mir leid, dass ich dich nicht lieben konnte. Es tut mir leid, dass ich immer nur das Schlechte in dir gesehen habe. Es tut mir leid, dass ich in deiner Gegenwart so kalt und gemein war ..."* Oder was auch immer. Verwende die Vergangenheitsform, denn du möchtest den Anteil, der dir leidtut, ja hinter dir lassen. Wenn du alles gesagt oder gedacht hast, was in dir war, fahre fort:

"Bitte verzeihe mir ..." Dieser Satz bedeutet kein Schuldeingeständnis, sondern ist Ausdruck des Wunsches, den Konflikt in Liebe aufzulösen. Sprich auch hier alles aus, was dein Herz belastet und was nach deinem Empfinden zwischen dir und der betreffenden Person steht.

Spätestens wenn du bei den Worten *"Ich liebe dich!"* angekommen bist, wirst du feststellen, wie froh und erleichtert du dich augenblicklich fühlst, wenn du dem Fluss der Liebe folgst.

150

"Danke." Sich zu bedanken bedeutet, die Konfliktsituation als Lernimpuls zu sehen und zu akzeptieren. Dich von Herzen zu bedanken, schließt den Prozess ab im Vertrauen darauf, dass sich nach deiner tiefen Wandlung auch eine konkrete Wirkung in deiner Beziehung zu dieser Person zeigen wird. Du bedankst dich sozusagen schon im Voraus für das kommende Wunder der Transformation!

"Danke" bedeutet hier auch: *"Ich gebe den Zwang auf, recht haben zu müssen, und übergebe den Konflikt zur Heilung an die Lebenskraft der Liebe."*

Ho'oponopono bedeutet so viel wie "richtigstellen". Genau das ist mit dieser Vergebungsmethode möglich: Die Dinge, die wir bedauern, können wir richtigstellen. Mehr noch: Dieses Richtigstellen bewirkt wahre kleine Wunder! Immer, wenn du den Anteil eines Konfliktes verantwortungsvoll anerkennst und in dir bewusst loslässt, wird Raum frei für etwas Neues: für die Kraft grenzenloser Liebe. Wenn wir der Liebe eine Chance geben, können wir erleben, dass Liebe die stärkste Kraft überhaupt ist.

Teil III:
Transformation

Die Lizenz zum Lieben

Es gibt leider kein Patentrezept für die Heilung von Liebessucht. Schon allein deswegen, weil jeder von uns seine individuelle Herausforderung hat, die nur er in seiner ureigenen Zeit lösen kann. All die Hindernisse auf dem Weg zur Liebe dienen der Entwicklung deiner Charakterzüge und deiner Liebesfähigkeit. So entsetzlich Herzschmerz auch sein kann, er hat durchaus eine positive Seite: Leiden lässt dich in die Tiefe gehen und motiviert dich, einen Weg zu finden, um deinen Hang zur Leidenssucht zu überwinden.

In schweren Fällen von Liebesabhängigkeit, wenn Drogen und Gewalt im Spiel sind, gibt mancher Psychologe den Rat, für lange Zeit keine Beziehung einzugehen. Mag sein, dass dies manchmal hilft, um den Fokus auf das eigene Leben zu richten. Ich bezweifle allerdings, dass totale Abstinenz die Lösung sein kann, denn meist ist das Leben selbst mit seinen Übungseinheiten die beste Schule – und im Zweifelsfall hilft auch professionelle Unterstützung.

Wie gesagt, ein einfaches und "schnelles" Rezept mit Sofortwirkung auf Liebesgarantie kann dir niemand ausstellen. Das ist die schlechte Nachricht. Dafür kann ich dir vielleicht ein paar Appetithäppchen anbieten, die Lust auf eine andere Liebe machen sollen: die Liebe zu sich selbst, die Liebe zum Leben, die Liebe, die kein Leiden, kein Sehnen, kein Kämpfen und kein Drama kennt. Und die Neugier, sich auf einen wirklichen "Lakritzemann" einzulassen – jemanden, der ebenfalls etwas zu geben hat und der es zulässt, dass seine Herzdame das Gleiche tut.

Mann kann lieben lernen. *Frau* auch! Voraussetzung: der feste Wille, es zu lernen! Es mag nicht so einfach sein, diese Liebe in sich zu erschließen – nicht umsonst spricht Erich Fromm von der *"Kunst des Liebens"*– doch es lohnt sich.

Obwohl dich dein sehnsüchtiges Ausharren bei einem "aussichtslosen" Mann nicht glücklich gemacht hat, wird es dir paradoxerweise dennoch sehr schwerfallen, dich von Dauerliebeskummer, dem Wartesaaldasein und von der rosaroten Brille zu verabschieden. Diese eingefahrenen Muster sind ein großes Stück Heimat für dich geworden. Sie begleiten dich, seit du denken kannst. Doch sie sind nur ein Teil von dir! Sie dienten dir lediglich als Hinweise, woran du arbeiten kannst, als Chance und Trainingseinheiten, um dich im Lieben zu üben und in deiner Liebesfähigkeit zu wachsen! Schließlich brauchst du nicht nur zum Autofahren einen Führerschein. Als genesende Liebessüchtige brauchst du: *"die Lizenz zum Lieben"*!

"Was bitte schön soll das denn sein? Eine Erlaubnis? Ein Passierschein in den siebten Himmel? Ich verliebe mich doch wie, wo und wann es mir passt, klar?", entgegnest du jetzt vielleicht.

Tu das! Aber bitte mit der Einsicht im Handgepäck, dass du eine innere Basis haben solltest, von der aus du dich ins Abenteuer der Liebe begibst. Mit einem starken inneren Fundament ausgestattet, wird deine Angriffsfläche für altbekannte Verletzungsgefahren viel geringer sein. Das Zentrum der Liebe in dir bewahrt dich vor dem harten Aufprall, solltest du abgewiesen oder verlassen werden.

Zu deiner Beruhigung: Diese *"Lizenz zum Lieben"* bekommst du von niemand anderem als von dir selbst. *"Und wie? Muss ich dafür jemand anderes werden?"* Keineswegs. Es geht nur darum, *zu sich* zu kommen. Einfach erkennen, akzeptieren, loslassen und üben, üben, üben! Denn immer schon machte Übung den Meister!

Was solltest du üben? Übe, es dir gut gehen zu lassen. Dich zu lieben. Die Liebesenergie in dir zu aktivieren, die dich innerlich groß und weit macht – statt klein und eng. Dann kannst du auch andere lieben, ohne sie mit deinen überdimensionierten Erwartungen in die Enge zu treiben.

Wie kannst du dies üben? Da gibt es verschiedene Wege, die du vielleicht auch schon in der ein oder anderen Form ausprobiert hast. Du kannst Affirmationen anwenden, dir liebevolle Komplimente machen, achtsam mit dir umgehen und in dich hineinspüren. Die wichtigere Frage ist: Bist du tatsächlich bereit, deine süchtigen Gewohnheiten aufzugeben? Glaubst du, dass es da etwas in dir gibt, wofür du diesen Schritt wagen würdest? Lässt du dich darauf ein, etwas Neues kennenzulernen? Oder willst du so weitermachen wie bisher? Das ist die große Frage. Nur du entscheidest.

Verwandeln statt auslöschen: Muster überschreiben

Beziehungen sind ein Experimentierfeld, auf dem du lernen und üben kannst zu lieben, ganz nach dem Motto: *"Learning by doing!"* Du hast immer wieder den gleichen Typ Mann vor die Nase gesetzt bekommen beziehungsweise angezogen, damit du deine Liebesfähigkeit an ihm ausbilden kannst. Auch wenn das mit sich bringen mag, dass du alte Fehler wiederholst. Du kannst eben nur etwas ändern, wenn du wirklich erkannt hast, *was* du verändern möchtest. Statt dich zur Abstinenz von jeglicher Beziehung zu verdonnern, kannst du deinen Partner oder den, der es werden soll, dazu benutzen, deine Fähigkeit zu trainieren, jemanden bedingungslos zu lieben und deine Forderungen nicht zwanghaft an den Liebsten zu richten, sondern dich selbst glücklich zu machen. Dein Auserwählter hat dabei die Rolle eines Komplizen. Er wird deine positiven und negativen Verhaltensweisen herauskitzeln. Beim Beobachten, wie du dich verhältst, kannst du deine Reaktionen erkennen und sie gegebenenfalls Schritt für Schritt verfeinern.

Ein einfaches Beispiel: Besteht dein Muster darin, dich zwanghaft in verheiratete Männer zu verlieben, die sich nach zwei, drei Liebesstunden davonmachen? Dann kannst du an ihnen trainieren, nicht mehr mit einem inneren Fallbeil zu deinem Date zu gehen. Statt zu befürchten: "*Oh Gott, die Zeit läuft mir davon, gleich ist er wieder weg, und ich falle in ein Loch*", kannst du an ihm und seiner mitgebrachten Herausforderung an dich Erwartungslosigkeit üben und herausfinden, ob du es schaffst, trotz Mr. Superlover einfach im Hier und Jetzt zu sein. Nicht etwa, um es *ihm* recht zu machen und fatalistisch seine Wünsche zu erfüllen. Es geht hier in erster Linie um *dich*! Gelingt es dir, dich mit der Liebe, die in dir ist, zu verbinden, selbst im Auge des Orkans? Wo auch immer, mit wem auch immer, wie auch immer? Wie stark ist diese Liebe, wie ist dein Zugang zu ihr? Hast du überhaupt einen? Oder erwartest du alleinige Erfüllung durch die Liebe zu einem Mann? Soll er dich mit etwas füllen, was du dir selbst nicht zu geben vermagst?

Wenn du es schaffst, diese Quelle der Liebe in dir zu erschließen, wird sich alles verändern. Deine nagende Angst wird sich in Gelassenheit verwandeln, und dein Superlover wird in Kürze viel weniger Eindruck auf dich machen, als du dir vorzustellen imstande bist! Das Öffnen deiner Liebesquelle in dir ist ein Hauptgewinn, der andere Gewinne nach sich zieht: Du wirst nämlich in die Lage versetzt, Gift in Medizin zu verwandeln. Wenn deine Schwächen und Gifte sich in dir bemerkbar machen, entwickelst du ganz einfach ein Gegengift aus ihnen, indem du deine Schwächen benutzt. Du kannst dich ihnen liebevoll stellen und an dir arbeiten. Sei bereit, sie zu erkennen. Dann ist es nur eine Frage der Zeit und der Entschlossenheit, bis sich deine scheinbaren Mankos in Stärken verwandeln. Aus Angst kann Mut werden – wenn du dich ihr stellst und sie überwindest. Aus Depression wird Lebensfreude – wenn sie dazu führt, dass du deine eigentlichen Talente und Anlagen entfaltest, anstatt sie zu unterdrücken. Und aus romantischer Bedürftigkeit wird Liebe – wenn du dazu bereit bist, deine unbändige Sehnsucht zu zähmen und die Liebe in *dir* zu suchen statt nur im Außen.

Ganz umgehen kannst du deine "Gifte", sprich: den Zwang, jemanden anzuhimmeln, der nicht besonders liebevoll mit dir umgeht, ja nun mal nicht. Also mach etwas Heilsames daraus, statt auf kalten Entzug zu gehen und damit das Problem nur aufzuschieben. Als unfreiwilliger Eremit zu leben, ist letztlich auch nur eine Illusion und ein unnatürlicher Zustand, denn nichts und niemand – außer dem Einsiedlerkrebs – ist zum ewigen Alleinsein geboren.

In diesem Sinne nutzt es wenig, Versuche zu unternehmen, deine Wünsche, Begierden und Abhängigkeiten einfach nur zu löschen. Es wird dir nicht gelingen, denn sie verschwinden nicht einfach. Es ist jedoch möglich, deine abhängige Liebe zu durchleuchten und zu erhellen, ohne dafür ein anderer Mensch werden zu müssen. Im Gegenteil: Du wirst die Person, die du eigentlich bereits bist. Ohne falsche Rücksichtnahme. Und ohne dich kleiner zu machen, als du wirklich bist.

Illusionen und Wünsche erfüllen eine erstaunliche Funktion in deinem Leben: Sie tragen einen ungeahnten Schatz in sich, nämlich das Potenzial, dich durch sie – als äußeren Anlass – auf den Weg zu begeben, um sie zu meistern. So gesehen ist dies der Meisterweg. Egal, ob du bereits perfekt bist oder nicht. Du gehst ihn. Die Begegnung mit deinem Ärger, deiner Abhängigkeit, Dummheit und Arroganz kann von dir in Weisheit, tiefe Liebe zum Leben, Freude und Mitgefühl verwandelt werden. Mit anderen Worten: Du kannst jeden unreifen Lebenszustand zu deinem Nutzen transformieren.

Dabei verbiegst du dich nicht und kannst bleiben, wie du bist. Du benötigst nichts weiter als die Bereitschaft, an deinen Schwächen zu wachsen. Über diesen Wachstumsprozess kommst du zu deinem wahren Kern, dem Teil in dir, in dem deine Liebesfähigkeit wie Dornröschen im hundertjährigen Schlaf darauf wartet, wachgeküsst zu werden. Wie du siehst, muss es noch nicht einmal ein tatsächlicher "Prinz" sein, der diese Fähigkeit in dir erweckt – den Job kann auch ein "Frosch" übernehmen. *Er ist nicht wichtig – zu deiner großen Überraschung. Er spielt nur eine kleine Nebenrolle. Du bist und bleibst die Hauptperson in deinem Drama.* Hauptsache, du erkennst in der Beziehung zu einem Mann, wo du stehst und was du noch tun kannst, um in die wahre Liebe zu kommen. Du kannst die Erfahrungen mit deinem "Frosch" also dazu nutzen, deine Muster so zu verändern, dass du wirklich glücklich wirst!

Nützlichkeit von Illusionen

Herzenswünsche (und damit auch Herzensmänner), seien sie illusionär oder nicht, können dir sozusagen als Lockmittel dienen. Um dich überhaupt mit der Tiefe des Lebens auseinanderzusetzen und die Oberfläche zu verlassen, brauchst du eine Motivation! Das ist die wahre Funktion von Illusionen! Es ist möglich, sich an Illusionen zu entwickeln, wenn wir sie durchschauen. Wir können "durch sie schauen" in unser Innerstes. Und zwar immer dann, wenn es wehtut!

Insofern waren die vielen Jahre deines Liebens inklusive Liebeskummer alles andere als verlorene Zeit! Manche Beziehungen hielten lange, andere gingen sofort wieder in die Brüche, einige waren wunderschön und andere ein einziges Tal der Tränen. Du hast etwas aus ihnen gelernt, auch wenn das nicht heißt, dass du das Gelernte immer konsequent anwenden konntest. Doch den Wunsch nach Selbstwert, Würde und Respekt hast du auch durch Enttäuschungen nicht verloren. Du hast ihn aus gegenteiligen Erfahrungen entwickelt, und schon allein deswegen waren deine gescheiterten Beziehungen nicht für die Katz! In einer jeden verbirgt sich die Fähigkeit zur Erweiterung deines Herzens und deiner Liebesfähigkeit. Sie dienen als "Zückerchen" für unsere Entwicklung! Ohne diese Entwicklungsmöglichkeit würden wir genau so von dieser Erde gehen, wie wir gekommen sind.

Apropos Zucker: Liebessüchtige Frauen sind, wie bereits erwähnt, meistens auch Schokoholikerinnen: Sie greifen zur süßen Ablenkung, wenn es wieder einmal nicht "der Richtige" war - manchmal auch tafelweise!

Warum bringen die meisten Diäten das Gegenteil von dem, was wir uns wünschen? Ganz einfach, weil sie den Wunsch, etwas zu essen, nicht verringern, sondern verstärken! Wenn du dir zum Beispiel Schokolade gänzlich verbietest, wird alles in dir nur noch an Schokolade denken. Statt sie aus deinem Leben zu verbannen, wirst du früher oder später - je nach Willensstärke - doch wieder nachts heimlich den Kühlschrank plündern, weil dein unterdrücktes Verlangen unermesslich wird!

Wenn du abnehmen möchtest und dies nicht schaffst, bestraft du dich sicherlich mit abwertenden Gedanken wie: *"Du Loser, du musst das doch endlich mal hinkriegen!"* Ganz zu schweigen von den gedanklichen Beschimpfungen deines Körpers wie: *"Ich hasse dich, du bist fett, du siehst einfach unmöglich aus."* In erster Linie leidest du dabei unter einem enormen inneren Druck. Dieser Druck, einem Bild entsprechen zu müssen als zwingende Voraussetzung dafür, liebenswert zu sein, verfolgt dich auf Schritt und Tritt. Es ist, als hieltest du dir selbst eine Pistole an den Kopf mit der Drohung: *"Entweder du isst weniger und nimmst endlich ab - oder es knallt!"* Wie soll auf dieser Ebene das Gefühl von fröhlicher Gelassenheit entstehen, eine Voraussetzung dafür, dass du locker die unerwünschten Pfunde entlässt?

Hungerkuren machen Hunger, und Liebesentzug fixiert uns noch mehr auf Männer.

Sich einfach nur Regeln aufzuerlegen, das funktioniert also auf Dauer nicht. Es geht vielmehr darum, die Leere, die dich nach zu viel Schokolade lechzen lässt, zu füllen und den eigentlichen Grund für dein zwanghaftes Essen zu finden. Wenn du erfüllt bist, brauchst du keinen Zucker mehr!

"Oder wenn ich verliebt bin ...", trällert Lilli Liebessüchtig! *"Dann will ich keine Schokolaaade, dann will ich lieber einen Maaann!"* Verliebtheit hat für die Lillis dieser Welt eine ähnliche Funktion wie Süßigkeiten. Beides lenkt von ihrem eigentlichen Gemütszustand ab, ist aber nicht dazu angetan, ihr Lebensgefühl "des Hungers" grundlegend zu verändern.

Wenn die Liebe in dir aufgeht wie eine mächtige innere Sonne, dann erstrahlt dein Leben voller Licht, Liebe und Kraft. Damit vertreibst du die Wolken um dich herum. In einem solchen sonnigen Zustand kannst du sowohl Männer als auch Schokolade ab und zu genießen, ohne von ihnen abhängig zu werden oder sie als Antidepressiva zu benötigen. In dem Moment, in dem du eine tiefe Erfahrung mit der Liebe in dir machst, wirst du eine unermesslich große Freude empfinden, die du auf natürliche Art und Weise mit anderen teilen kannst. Auch mit einem Mann!

Der Weg der Mitte hat viel mehr Aussicht auf Erfolg als jegliches Extrem! Du kannst dein inneres Gleichgewicht wiederherstellen, statt dich gänzlich um den Genuss von irgendetwas bringen zu müssen. Für Alkoholiker gilt dieser Mittelweg bekanntermaßen nicht, denn bei dem kleinsten Tropfen können sie rückfällig werden. Doch auch bei ihnen geht es um weit mehr als darum, abstinent zu sein. Sie verwandeln ihr Suchtverhalten in dem Moment, in dem sie ihre Lebensfreude und Verbundenheit mit dem Ganzen erleben und ihre Gefühle auch ohne Hilfsmittel zulassen können. Diesen Zustand können sie über ihre Spiritualität erreichen – ganz ohne Drogen.

(Noch ein Tipp zum Thema Essstörungen: Ein hilfreiches Buch mit spirituellen Lektionen zur Lösung von Gewichtsproblemen ist *Ein Kurs im Abnehmen* von Marianne Williamson.)

Übung
Herzheilung: *"Schau dir in die Augen, Kleines!"*

Es gibt keine größere Wertschätzung für das Leben selbst, als damit anzufangen, dankbar die eigene Existenz anzunehmen und zu schätzen. Die Abspaltung zu überwinden und sich mit dem großen Ganzen zu verbinden, ist der Schlüssel zu tiefer Selbstliebe. Denn wer das Leben feiert, kann sich selbst dabei unmöglich ausschließen. Wir sind ja Teil dieses wundervollen Lebens.

Stell dich vor einen Spiegel und schau dir eine Weile tief in die Augen. Betrachte deine Iris, deine Augenfarbe, deine Pupillen, deine Augenlider ganz intensiv. Sind das nicht zwei Wunderwerke, die dir da entgegenstrahlen? Siehst du das jetzt? Deine wunderbaren Augen wurden, genau wie der Rest deines Körpers, dazu geschaffen, damit du an der Schönheit der Schöpfung teilhaben und dich daran erfreuen kannst. Sie sind aufwendige Instrumente, die nicht nur faszinierend aussehen, sondern dir auch die Freiheit geben, das Leben in all seinen Facetten zu betrachten. Mit all deinen Sinnen kannst du tief in das Leben eintauchen. Öffne deine Augen und erkenne dich selbst. Sobald du beginnst, das Wunder des Lebens in dir wahrzunehmen, schenke dir ein Lächeln. Lächle dich einfach aufmunternd und liebevoll an. Vielleicht kommen dir dann auch mit Leichtigkeit Sätze wie diese über die Lippen:

"Du hast wirkliche schöne Augen, Kleines!"

"Meine Augen sind so kostbar wie mein Leben selbst."

"Ich liebe meine wunderbaren Augen und bin dankbar dafür!"

"Von jetzt an betrachte ich mich mit anderen, liebenden Augen!"

"Von jetzt an fokussiere ich mich auf das Schöne und Positive in meinem Leben!"

"Ich öffne mich mit all meinen Sinnen dem Glück in meinem Leben!"

"Jeder Augenblick meines Lebens zählt!"

"Von jetzt an sehe ich meinen Wert!"

"Ich betrachte die Welt neu."

"Ich befreie mich von Illusionen, die mich unglücklich machen."

"Ich erkenne, was wirklich ist, und akzeptiere es so, wie es ist."

"Ich bin ein Wunder der Schöpfung und bin es wert, geliebt zu werden."

Betrachte dich mit liebenden Augen – egal, was andere jemals über dich behauptet haben. Mache einen neuen Anfang, jetzt und hier – und sieh das wunderbare Wesen, das du bist. Gib dir selbst die Lizenz, dich zu lieben!

Innere Stabilität

Die Erfahrung, mit dem Leben verbunden zu sein und sich vom Leben getragen zu fühlen, gibt uns eine innere Stabilität, die eine harmonische Partnerschaft erst möglich macht. Ohne diese innere Stabilität werden wir immer in anderen Halt und Geborgenheit suchen. Die Liebe, die aus deinem Inneren kommt, wird dich erneuern und auftanken, egal welches wirksame Werkzeug du anwendest, um dich mit positiver Energie aufzuladen und wieder freudig in den Fluss des Lebens eintauchen zu können. Wesentlich ist, dass wir eine innere Basis in uns haben, damit wir nicht fremdbestimmt werden, sondern selbst die Zügel unseres Lebens in der Hand behalten, komme, was wolle!

Innere Stabilität ist ohne Zweifel die Voraussetzung dafür, dass man sein Leben auf lange Sicht und auf liebevolle Weise mit einem anderen Menschen teilen kann. Stell dir einfach vor, du sitzt auf einem wackeligen Hocker, der deinen Partner oder deine dich stützende Partnerschaft repräsentiert. Wenn dein Liebster geht und die Partnerschaft in die Brüche geht, dann hast du keinen Halt mehr und fällst ins Bodenlose. Hast du dagegen eine innere Basis, hat das Verhalten anderer keinen so massiven Einfluss mehr auf dich. Statt dein Leben komplett auf einer anderen Person aufzubauen, kannst du dann mit den Höhen und Tiefen des Lebens und einer Partnerschaft viel besser umgehen, als wenn du instabil aus jeder Kurve schlitterst, die eine intensive Zweisamkeit mit sich bringt. Mit einem solchen inneren Zentrum kannst du dich jeden Tag neu entscheiden, wieder in die Fülle zu gehen, statt traurig in der Enge der Bedürftigkeit zu verharren und auf eine Änderung des Verhaltens deines Liebsten zu warten. Und der Mann deines Herzens wird durch deine Selbstständigkeit von der enormen Last einer ungewollten Verantwortung befreit.

Es gibt viele Wege, ein selbstbestimmtes und erfülltes Leben zu erreichen. Manche Menschen brauchen – je nach Grad ihrer Liebesabhängigkeit – lange Jahre der Auseinandersetzung mit sich und dem eigenen Verhalten. Für einige bleibt dies sogar ein lebenslanger Prozess, bei anderen macht es einfach "klick" und ein innerer Schalter legt sich um. Das ist individuell verschieden und es gibt hier kein Gut oder Schlecht.

Was man unbedingt für diese Reise braucht, ist der Mut, unbekanntes Neuland zu betreten. Es gehört auch ein großes Stück Überwindung und Selbstdisziplin dazu, sich durch die eigenen Abgründe zu wagen, um sie zu betrachten und zu heilen. Wichtig ist auch und vor allem Durchhaltevermögen!

Dieser Prozess wird bestimmt auch intensive Momente der Trauer und der Tränen mit sich bringen, wenn du Situationen, in denen deine Verletzungen stattfanden, wiederauferstehen lässt. Doch es geht nicht so sehr darum, woher der Pfeil kam, der dich verletzt hat, sondern vielmehr darum, ihn so schnell wie möglich aus deiner Wunde herauszuziehen und diese zu heilen. Die Vergangenheit ist vergangen. Es ist hilfreich, die eigentliche Ursache für deine tiefe Bedürftigkeit zu kennen – doch einmal erkannt, tust du auch gut daran, diese loszulassen, statt dich in deinem Leid zu suhlen. Erkenne sie als Auslöser negativer und giftiger Programmierungen in dir, und beginne damit, diese Ursache zu transformieren.

Wie du das anstellst, ist Geschmackssache. Wie bereits erwähnt kannst du einen guten Therapeuten aufsuchen, Familienaufstellungen machen, dich in Hypnose versetzen lassen und Vergebungsrituale anwenden. Es gibt viele Wege, um dir die inneren Prägungen deutlich zu machen. Wie du sie erschließt, ist unwichtig. Es gilt nur, nicht vor lauter Ablenkung und Konzentration auf den vermeintlichen Prinzen die Liebe zu verpassen!

Das Tauziehen mit dem Ego

Transformation ist immer ein Lernprozess, der nicht von heute auf morgen Früchte tragen wird. Die gewohnten Verhaltensweisen sitzen so tief in dir und sind so schnell abrufbereit, dass du dich auf ein regelrechtes inneres Tauziehen gefasst machen solltest. Es wird viele Momente der Versuchung geben, wieder in das vertraute Fahrwasser zu geraten, um alles beim Alten zu belassen. Schließlich lässt du dich auf einen Wettstreit mit deinem Ego ein! Bisher hat es in deinem Leben das Sagen gehabt und gibt daher bestimmt nicht so einfach und kampflos seinen Stammplatz auf. Immer dann, wenn du dabei bist, ein neues Kapitel aufzuschlagen, wird es rebellieren. Du kannst die Uhr danach stellen: Es wird dich bedrängen, im Karree springen vor Entsetzen darüber, dass du dich der wahren Liebe öffnen willst. Bereite dich darauf vor, dass es dich mit allen Mitteln in deine alten Gewohnheiten zurückziehen möchte: Mal wird es dich becircen, mal wütend anschnauben, mal besserwisserisch korrigieren. Vor allem aber wird dein Ego es dir furchtbar schwermachen, deine Gedanken an die schönen Stunden mit deinem Lover loszulassen.

Geht es darum, dein Ego zu vertreiben? Fehlanzeige. Das Ego kann und soll weder sterben noch sich auflösen. Es hat eine wichtige Funktion in deinem Leben und ist weder gut noch schlecht. Unser Ego steuert unseren Willen und unsere Fähigkeit, uns mit dem zu versorgen, was wir zum Leben benötigen. Doch es soll Platz machen können für Neues und sich nicht so wichtig machen dürfen. Mit anderen Worten: Du solltest ihm nicht die "Allein-herrschaft" über dein Herz überlassen, denn dann bleibst du auf ewig im engen Käfig der süchtigen Liebe gefangen.

Der Schlüssel zur Liebesenergie

Der Schlüssel, um dem Verlies der Liebessucht zu entkommen, ist die bereits in dir vorhandene reine Liebesenergie. Eine Quelle, die als unversehrtes Potenzial in dir ruht und nur darauf wartet, von dir geweckt und aktiviert zu werden. Deine innere Sonne ist so stark und ihr warmes Licht so kraft- und liebevoll, dass sie wie eine gewaltige Energie jedes Hindernis überstrahlen kann. Selbst das penetrante und hartnäckige kleine Ego muss da passen.

Es gibt dazu eine schöne Geschichte: Dem Wind ist langweilig, und so schließt er mit der Sonne eine Wette ab: *"Siehst du den Mann in dem dicken Wintermantel da unten? Wetten, dass ich es vor dir schaffe, ihm den Mantel auszuziehen?"* Die Sonne nimmt die Wette an. Daraufhin beginnt der Wind zu blasen und zu stür-men, was das Zeug hält. Doch statt den Mantel auszuziehen, klam-mert sich der frierende Mann nur immer fester an ihn und hält den Mantel mit aller Kraft am Leibe. Völlig aus der Puste flucht der Wind: *"Mist! Das Ding klebt wie eine Klette an ihm. Jetzt du!"*

Die Sonne kommt aus den Wolken hervor und tut: Nichts! Sie ist einfach da und strahlt. Von ihr gewärmt und entspannt legt der Mann den Mantel ab.

Es ist also nicht immer so wichtig, was du *tust*, sondern viel-mehr, wer du *bist* und welcher Part in dir das Steuer übernimmt.

Was hilft dir, in deine Mitte zu kommen? Authentisch und entspannt zu sein? Bist du nicht bei dir, fühlst dich leer und ener-gielos? Dann ist dieser Mangel an Lebenskraft die Ursache für deine Traurigkeit und die Tendenz, das Glück in der Außenwelt und bei anderen zu suchen.

Damit anzufangen, Dinge zu tun, die dir deine Energie zurückgeben und die dir Freude bereiten, ist dabei nur ein kleiner erster Schritt im Außen. Wesentlich ist, dass du einen Zugang zu deiner inneren Lebenskraft findest. Die Fähigkeit, für dich zu sorgen und dir Herzenswünsche zu erfüllen, ist ein Beweis dafür, dass du tatsächlich bereit bist, dich dir zu widmen! Wie wärs, dich mal mit freudigen Überraschungen zu verwöhnen? Solche kleinen Liebesbeweise an dich selbst haben an der Entdeckung deiner Liebesenergie einen wesentlichen Anteil, weil du dir (und deinem inneren Kind) zeigst, dass du es wert bist, gut zu dir zu sein. Tust du das, wirst du sicherlich keine Männer mehr mit "*Sag-mir-dass-du-mich-liebst-Forderungen*" zutexten. Und gerade *weil* du diese Bestätigungen von einer bestimmten Person nicht mehr brauchst, wirst du sie bekommen, da die Menschen in deinem Leben dir immer widerspiegeln, was du selbst von dir glaubst. Eigentlich ganz einfach!

Isabelle: "*Wenn ich auf einem Pferd sitze und es mit mir davongaloppiert, gibt es keine Kerle mehr in meinem Kopf. Dann gibt es nur noch mich und das Pferd. Ich bin dann ganz im Moment, im Hier und Jetzt, eins mit dem Tier und der Natur und will nichts anderes mehr. Ich bin dann reine Kraft und Leidenschaft. Eine starke, furchtlose und stolze Amazone, die durch Wald und Wiesen prescht und unsagbare Lebensfreude empfindet. Das Pferd erinnert mich an meine wahre Kraft und zeigt mir, wie ich leben will. So will ich leben: voller Lebenskraft und Elan. In jedem Moment. So dem Leben und seinen Herausforderungen begegnen. Auch in Beziehungen.*"

Was Isabelle hier ausdrückt, hat weniger mit dem Glück auf dem Rücken der Pferde als mit ihrem inneren Lebensgefühl zu tun, das das Galoppieren in ihr auslöst. Wie auch immer du es machst: Es geht vor allem um dein Sein, um das Erleben der Liebe in dir – auch ohne männliche Hilfestellung oder männliches Gegenstück.

Da stellt sich die Frage: Muss man tatsächlich erst jahrelang allein leben, um an diesen Punkt zu kommen? Wenn das so wäre, dann wären all die Singles da draußen ja wahre Beziehungsmeister – schon deshalb, weil sie allein leben. Das Gegenteil ist aber meist der Fall. Alleinsein ist keine zwingende Voraussetzung dafür, um wahre Liebe zu erfahren. Es kann dennoch guttun, sich eine Auszeit aus der Berg- und Talfahrt der Gefühle zu nehmen und sich klarzuwerden, was man in Beziehungen und in seinem Leben eigentlich will:

- Wer bin ich?

- Wo stehe ich?

- Was will ich?

Statt immer nur zu fragen:

- *Wen* will ich?

Ob allein oder vereint lebend: Wichtig ist, einen Weg zu finden, durch den du erfahren kannst, dass diese Liebe *in dir* ist und du damit aufhören kannst, sie außerhalb von dir zu suchen. Alles, was in dir ist, manifestiert sich früher oder später auch in der äußeren Realität.

"Um Ihren idealen Partner anzuziehen, müssen Sie sich zuerst auf dieses Erlebnis vorbereiten. Das bedeutet, dass Sie Ihr emotionales Gepäck aussortieren, Ihre alten Wunden heilen, eine klare Entscheidung darüber treffen, was Sie sich in einer Beziehung wünschen, und dass Sie in einem Zustand der Liebe leben. Das wird nicht über Nacht geschehen. Sie werden vielleicht mehrere Beziehungen durchlaufen müssen (...).

Der Prozess der Vorbereitung beinhaltet, dass Sie so werden wie derjenige, mit dem Sie zusammen sein wollen, und entspricht der Anwendung des Gesetzes der Widerspiegelung."

Linda Georgian

Das Mantra "*Nam Myo Ho Renge Kyo*"

Zum Thema Transformation möchte ich ein konkretes Beispiel anführen: Kennst du den Film über das Leben von Tina Turner? Sie nahm es eine Ewigkeit hin, dass ihr Mann Ike sie misshandelte. Als sie eines Tages durch eine Freundin auf das Chanten (rhythmischer Sprechgesang) des Mantras *Nam Myo Ho Renge Kyo* aufmerksam gemacht wurde, begann sie Tag und Nacht zu chanten. Sie geht dieser Ausübung bis heute nach. Nach kürzester Zeit ihrer buddhistischen Praxis fand sie endlich den Mut und die Kraft, sich zu wehren! Es gelang ihr, sich von Ike Turner zu trennen und sich von seiner Tyrannei endgültig zu befreien – selbst im Angesicht des Todes. Denn Ike drohte ihr kurz vor dem Debüt ihres ersten Solo-Auftrittes damit, sie zu erschießen, wenn sie es wagen würde, die Bühne zu betreten. Sie tat es und ließ den verdutzten Revolverhelden einfach stehen! Das war der Moment, in dem Tina ihre wahre Kraft enthüllen konnte und einen endgültigen Schlussstrich unter das Kapitel Ike Turner zog. Dieser Befreiungsschlag wurde gleichzeitig der Startschuss für ihre bombastische Weltkarriere.

Ihr Welterfolg kam nicht einfach so über Nacht. Sie hat ihn kreiert, sogar unter Einsatz ihres Lebens. Einfach, indem sie die Ketten ihres Käfigs sprengte und wie ein Phönix aus der Asche ihre wahre Stärke offenbarte. Ihre phantastische Stimme überträgt die Löwenpower ihres Wesens auf jeden, der sie hört. Und doch war es vor allem ein innerer Kampf für sie, ihren rechtmäßigen Platz in ihrem Leben einzunehmen. Fakt ist, dass manche Dinge im Leben leider nicht ohne einen solchen Kampf zu erreichen sind.

Ich lade meine Lebens- und Liebesenergie auch durch Chanten auf. Meine Erfahrung ist, dass Lebensfreude gleich Energie ist. In dem Moment, wo ich die Silben *Nam Myo Ho Renge Kyo* (sechssilbige Aussprache: *Nam-mjo- ho-ren-ge-kjo*) rezitiere, ist das für mich so, als nähme ich ein Bad in einer inneren Sonne. Chanten ist keine Zauberformel, die ich ausspreche und schon läuft alles problemlos nach meinem Plan. Doch es ist ein Tanz im Licht und stellt die Verbindung mit der grenzenlosen Energie und Lebensfreude her, die man auch als bedingungslose Liebesenergie bezeichnen könnte. Es ist aus meiner Sicht ein sehr intensiver, schneller und vor allem effektiver Weg, um sofort die innere Lebenskraft und Lebensfreude zu aktivieren und das eigene Leben wie in einem inneren Spiegel zu betrachten. Man kann beim Chanten auch positive Energie an andere schicken und sich damit aktiv im Praktizieren von Liebe üben! Und: Das Chanten verbindet mich mit "dem Rhythmus, wo alles mit muss", das heißt, es bringt mich in den Fluss, der dafür sorgt, dass ich zur richtigen Zeit am richtigen Ort bin. Was wirklich fantastisch an dieser buddhistischen Ausübung ist: Egal, in welcher Situation und in welcher Lebenssituation ich mich befinde, ich kann damit jeglichen Anflug von Traurigkeit oder Resignation umkehren. Obwohl ich zu Hause einen Altar habe, an dem ich mich mir und dem Leben an sich widme, benötige ich diesen nicht zwingend. Ich kann das Mantra auch im Auto, unter der Dusche oder einfach innerlich rezitieren. Ich habe in den vergangenen 27 Jahren unglaublich schöne und ermutigende Erfahrungen mit dem Chanten von *Nam Myo Ho Renge Kyo* gemacht. Die größte besteht darin, dass ich eine innere, unerschütterliche Basis in mir habe, die es mir zu jeder Zeit erlaubt, Herausforderungen zu meinem Besten zu meistern. Damit bin ich den Wellen des Lebens und meinen wechselnden Emotionen nicht chancenlos ausgeliefert, sondern kann ihnen standhalten und gelassener darauf reagieren.

Absolutes Glück

Es gibt einen Glückszustand, der nicht an äußere Umstände gebunden ist: Grundloses Glück, das aus der Freude reinen Seins kommt. *"Absolutes Glück! So etwas existiert doch gar nicht!"*, denkst du jetzt vielleicht. Doch, dieser innere Zustand ist erfahrbar. Allerdings bedeutet es nicht, dass in deinem Leben permanent alles in Butter ist und du das Dauerlächeln einer Stewardess im Gesicht trägst. Der Begriff hat also nichts von "Friede, Freude, Eierkuchen", sondern eher vom "Fels in der Brandung".

Indem du dir deine innere Basis schaffst, wirst du so stabil, dass dich bestimmte Ereignisse nicht mehr so einfach aus der Bahn werfen können. Und je mehr du bei *dir* bist, umso weniger brauchst du bestimmte Ereignisse, um glücklich zu sein.

Dein Glück hängt dann nicht mehr permanent von anderen ab. Beständiges Glück ist unabhängig vom ständigen Kommen und Gehen des Lebens und nicht an deine Erwartungen gebunden. Es lässt dich ohne Grund lächeln. Wahre Freude kommt aus der untrennbaren Verbundenheit mit unserer wahren Natur und dem großen Ganzen.

Wer in seinem Leben dieses Gefühl von Fülle und bedingungslosem Glück erleben möchte, kann meines Erachtens auf Dauer das Thema Spiritualität nicht ausklammern. Eine Erweiterung unseres engen Bewusstseins funktioniert nur über ein Einlassen auf die Quelle in uns. Das tiefe Empfinden, verbunden und grundlos glücklich zu sein, erlebt man, wenn man bereit ist, sich mit der universellen Kraft zu verbinden, die unser Leben steuert und durchströmt. Welchen Weg man dafür wählt, wird jeder irgendwann selbst herausfinden. Die ultimative Gebrauchsanweisung zur geerdeten Gelassenheit wurde ja beim Start ins Leben nicht ausgegeben.

Übung
Herzheilung: Finde zurück zu dir
Wenn du dir innere Stabilität wünschst, lautet letztlich die Frage: *Was ist die Basis in meinem Leben? Worauf kann ich mich*

stützen, wenn alles wegbricht? Es geht darum, authentische Wege zu finden, die es dir ermöglichen, neue Kraft zu schöpfen und zu dir zurückzufinden.

Dieses Zentrieren wird umso leichter, je mehr Zeit und Raum du dir dafür gibst. Schenke dir Aufmerksamkeit und beginne damit, eine tägliche Praxis der Wertschätzung zu leben. Je mehr du dies tust, desto authentischer und zufriedener wirst du dich fühlen.

Ob du meditieren möchtest oder einfach öfter in die Natur gehst, um immer wieder zu deinem Zentrum zu finden, das dich durchs Leben trägt, hier ein freundlicher Gruß deines Herzens:

- Betrachte dein Herz – indem du mutig in dich hineinschaust.

- Fühle dein Herz – indem du dich der Liebe in dir zuwendest.

- Erwecke dein Herz – indem du dich liebevoll annimmst und deine Liebe aussendest.

Lebe dein inneres Feuer!

Du bist mit einer großen Gabe auf diesen Planeten gekommen, die gleichzeitig auch eine Verantwortung ist: die Verantwortung, dich selbst zu einem glücklichen Menschen zu machen, der seine Anlagen und Talente tatsächlich würdigt und entfaltet. Von dem Augenblick an, indem du damit beginnst, diese Fähigkeiten zur Gänze auszuleben, werden sie dich zutiefst beglücken. Diese Explosion der Freude in dir wird ganz automatisch auch zum Glück anderer beitragen. Damit dies geschehen kann, besteht der erste Schritt darin, zu entdecken und zu erwecken, was bereits in dir steckt!

Was ist dein Herzenswunsch - mal abgesehen von dem, mit einem bestimmten Menschen zusammen zu sein? Was weckt dein inneres Feuer? Nur die glühende Liebe zu einem Mann? Wofür interessierst du dich brennend? Dieses Brennen ist ein Wegweiser zu deinen wahren Talenten!

Was liebst du in deinem Leben? Was bringt dich auf Trab und lässt dich morgens begeistert aus dem Bett springen? Was ist deine Leidenschaft - und zwar die, die keine Leiden schafft? Warum bist du hier? Was ist dein Weg?

Stellst du dir diese Fragen manchmal? Oft? Selten? Nie?

Solltest du feststellst, dass du noch nicht einmal die Zeit findest, Antworten auf diese Fragen zu finden, ist dies ein Spiegel dafür, wie stiefmütterlich du mit dir selbst umgehst. Dann brauchst du dich nicht zu wundern, warum auch dein Auserkorener nicht damit beschäftigt ist, dich glücklich zu machen. Denn auch er spiegelt diese innere Haltung. Da du oft selbst nicht weißt, was du willst und was dir guttäte, oder du es vielleicht weißt, es aber nicht beachtest: Wie soll dann dein Herzensmann deine Bedürfnisse erkennen?

Noch einmal: Wenn du nicht liebevoll und fürsorglich mit dir umgehst, wie sollen es dann die anderen tun können? Höchste Zeit herauszufinden, was du gern erleben möchtest – und es dir zu ermöglichen, statt dich damit aufzuhalten, was deinem Partner fehlt. Du hast alle Macht der Welt, dein Leben zu verändern, aber keinerlei Macht, jemand anderen zu ändern. Seine Veränderung kann nur über deine eigene geschehen. Das ist das Dominoprinzip des Lebens. Veränderung geschieht von mir zu dir. Alles ist miteinander verbunden.

Wo sollst du anfangen? Lass dein Herz sprechen. Was möchtest du seit langem erleben und tust es nicht, weil dein Verstand oder dein geringes Selbstwertgefühl es dir verbieten? *Jetzt* ist ein guter Zeitpunkt, um damit anzufangen. Wage es, dich mit ganzem Einsatz dem zu widmen, was du in deinem Leben kreieren möchtest! Gib dir die Erlaubnis dazu! Versuche es nicht, mach es! Was auch immer es ist, gib diesem Wunsch die Chance, sich zu verwirklichen. Nur zu oft suchen sich Frauen, die sich haltlos in die Fluten süchtiger Emotionen begeben, Männer, die eine Leidenschaft, einen Beruf oder ein Hobby haben, das sie selbst gerne ausüben würden. So umgeben sie sich wenigstens mit einem interessanten Tausendsassa und sind in der Nähe des Geschehens – wenn auch nur als Zuschauer! Komme aus deiner Lethargie heraus und begib dich mitten hinein ins Geschehen! Das Leben mag ewig sein, doch deine Lebenszeit hier ist begrenzt und nicht für die Zuschauertribüne geschaffen. Also, leg los und pack es an!

Dein Wunsch, gut und liebevoll zu dir zu sein, und dein tatsächlicher Einsatz, dich mit dem zu versorgen, was du brauchst, machen den Unterschied. Wenn du damit startest, zieht deine Umgebung mit! Versprochen! Doch *du* solltest den ersten Schritt tun!

Geh ins Kino oder ins Konzert, wenn dir danach ist, selbst wenn du erst mal allein gehen musst. Reise in dein Traumland, notfalls auch allein. Begib dich unter Leute, selbst wenn du Hemmungen haben solltest oder es dir peinlich ist, allein unterwegs zu sein. Auch wenn es dir schwerfallen mag: Geh raus aus deiner Isolation und bemühe dich um dein soziales Umfeld!

Es ist eine große Hilfe, deine Abhängigkeit in Sachen Liebe zu reduzieren oder sogar ganz zu überwinden, wenn du einen starken Freundeskreis hast oder damit beginnst, dir einen solchen aufzubauen. Vielleicht hast du Freunde, die deine Freundschaft und Fürsorge in Anspruch nehmen, jedoch nicht auf die Idee kommen, dass du ebenfalls Unterstützung brauchst. Lass es sie wissen, oder umgib' dich mit Menschen, die dich zum Lachen bringen und mit denen du auch einmal Spaß haben kannst, statt mit solchen, die ihre Probleme auf dich abwälzen wollen. Erfülle dir kleine und große Wünsche, selbst wenn dein Kopf kritisch meckern sollte, dass du es nicht wert bist, Geld für dich auszugeben. Mit all diesen kleinen Aktionen beweist du dir, dass du höchst lebendig bist und das Recht hast, dir das zu gönnen, wonach du dich sehnst.

Wenn du von deinem Leben begeistert bist, findest du gar keine Zeit mehr, einem vermeintlichen Supermann hinterherzurennen. Dann wirst du weder einen Gedanken daran verschwenden, was er gerade macht, noch Energie dafür einsetzen, ihm zu gefallen oder ihn zu erobern. Versprochen!

Voraussetzung dafür ist jedoch, dass du damit anfängst, es dir gutgehen zu lassen! Fang damit an. Heute noch! Nimm dir Zeit und frage dich, was du unbedingt erleben möchtest. Schreibe dir deine großen und kleinen Wünsche auf. Mach dir glasklar, wonach deine Seele hungert. Entwickle eine klare Vision dazu und richte deine Wunschkraft darauf.

Die Schritte der Heilung, die du für dein liebesbedürftiges inneres Kind gehst, werden dich mit neuer Lebensfreude beglücken! Wecke deine Kreativität, Fantasie und Begeisterungsfähigkeit! Lasse die Qualitäten deines inneren Kindes gänzlich zur Entfaltung kommen! So frei, wie du als kleines Mädchen gespielt hast, kannst du auch wieder werden, wenn du der Kreativität deines inneren Kindes wieder Flügel wachsen lässt. Öffne dich und widme dich den Impulsen des kreativen Mädchens in dir! Dieses Potenzial, das vielleicht lange unter einer diffusen Traurigkeit und Lähmung verborgen war, wird dich mit neuen Ideen und Lebensfreude beschenken und dein Leben bereichern.

Als Nebeneffekt garantiere ich dir, dass sich der Spieß umdrehen wird. Zentrierst du dich und beginnst damit, dich und deine Bedürfnisse (nicht deine Bedürftigkeit!) in den Vordergrund zu stellen, so wird auch der Mann deines Herzens darauf reagieren. Das hat etwas von einem Magneten, einer anziehenden Kraft, die die Energie dorthin strömen lässt, wo sie hin soll. Du kannst einen wahrhaftigen Gefährten in dein Leben ziehen, der deinen Wunschvorstellungen entspricht und mit dem du etwas vollkommen Neues erleben wirst: Liebe, die beidseitig stark ist, Geborgenheit, Unterstützung, Erotik, Zärtlichkeit, Einheit, Respekt und Verständnis. *"Sei selbst die Veränderung, die du in deinem Leben zu sehen wünschst"*, würde Gandhi sinngemäß dazu sagen.

Wo sind die tollen Männer? – Da, wo die tollen Frauen sind!
Du bist eine tolle Frau. Ganz bestimmt! Glaubst du das tatsächlich? Wenn du tatsächlich fühlst, glaubst und erlebst, wie kostbar dein Leben ist, lässt du es nicht mehr zu, dass jemand dieses Juwel, nämlich dich, mit Füßen tritt!

Stell dir einmal einen Raum vor, in dem es eine Ecke gibt, in der deine Herzenswünsche versteckt beziehungsweise begraben liegen. In diesem Raum befinden sich auch die Anliegen aller Menschen deiner Umgebung. Eigentlich rufen deine Wünsche wie Kinder nach dir, mit dem großen Bedürfnis, dass du sie endlich wahrnimmst, sie liebevoll umarmst, fütterst, hegst und pflegst. Was machst du aber? Du schenkst ihnen keine Aufmerksamkeit, weil du viel zu sehr damit beschäftigt bist, dich um all die Wünsche deiner Mitmenschen zu kümmern. Ab und zu vernimmst du ein Stimmchen in deinem Inneren, das verzweifelt versucht, sich Gehör bei dir zu verschaffen. Auch das ist dein inneres Kind, denn in ihm wohnt deine gesamte Kreativität. Und was machst du? Entweder ignorierst du es weiter, oder du tadelst es, damit es Ruhe gibt, und vertröstest es auf später. Auf diese Art und Weise vernachlässigst und ignorierst du deine angeborenen Talente. Bis du schließlich irgendwann krank, frustriert und traurig darüber wirst, dass dir dein Leben so leer und bedeutungslos vorkommt.

Siehst du jetzt, dass *du* es bist, die damit anfangen sollte, sich für dein Glück einzusetzen? Und zwar mit voller Energie, nicht nur "ein bisschen". Traue dir Großes zu, statt es dir nur immer "ein bisschen" besser gehen zu lassen. Ansonsten wirst du nämlich auch nur "ein bisschen" geliebt. Und das hattest du ja bereits zur Genüge. Du machst und tust für andere immer alles – und bekommst dafür nur "ein bisschen" zurück.

Bitte versteh mich richtig! Es geht nicht darum, "egoistisch" zu werden. Liebessüchtige Frauen haben in der Regel nicht das Problem, geborene Egoistinnen zu sein. Eher erliegen sie der Tendenz, sich in der Aktivität für andere zu verlieren. Bringe deinen Einsatz für dich und andere ins Gleichgewicht! Egoistisch zu sein und sich zu lieben, sind zwei völlig verschiedene Paar Schuhe. Der eine ist eng und drückt, der andere ist weit und bequem. Ein Mensch verhält sich egoistisch, weil er sich nicht liebt und für minderwertig hält. Bloßer Egoismus führt zur Ellenbogenmentalität und schließt andere aus der Liebe aus. Wirkliche Liebe kann sich auch im Miteinander entfalten, wenn wir in uns die Quelle der Liebe erfahren. Sind wir selbst angefüllt mit Liebe, möchten wir dieses starke, gute Gefühl auch aussenden und weitergeben. Liebe schließt andere mit ein, denn wahrhafte Liebe kennt keine Begrenzungen.

Noch einmal: Liebe ist das Einzige, das mehr wird, je mehr man davon gibt. Das gilt für die Liebe, die du anderen oder auch dir selbst schenkst. Warum sonst heißt es im Christentum *"Liebe deinen Nächsten wie dich selbst"*? Das ist doch eine ganz klare Ansage! Dieser Satz bezieht sich auf Selbstliebe. Doch leider wird dieser weise Hinweis häufig missverstanden im Sinne von: Du musst dich um deinen Nächsten kümmern und seinen Wert höher ansetzen als deinen. Die Selbstliebe, zu der dieses Gebot auffordert, wird also ins Gegenteil verkehrt und führt zu der irrtümlichen Annahme, sich selbst zu lieben sei egoistisch und stünde dir nicht zu. Doch es heißt hier nicht: *"Kümmere dich erst um den Rest der Welt, und wenn du damit fertig bist, dann fange an, dich um deine eigenen Bedürfnisse zu kümmern."* Es geht auch nicht darum, gar nichts mehr für andere zu tun! Drehe die Reihenfolge deines Einsatzes einfach einmal um, und es werden Zeichen und Wunder geschehen!

Mein Lieblingssatz zu diesem Thema ist: *"Mein Glück ist das Glück der anderen!"* Dein Einsatz für *dein* Glück macht auch automatisch deine Umgebung glücklich – Kinder von zufriedenen und glücklichen Eltern können selbst auch glücklich sein.

Sicherlich ist es auch umgekehrt so, dass deine Aktivität für die anderen dich zutiefst beglücken kann. Und du setzt mit Sicherheit positive Ursachen, die positive Wirkungen nach sich ziehen. Doch nur, wenn du es von ganzem Herzen tust und nicht in einem falsch verstandenen Altruismus auf deine eigenen Bedürfnisse verzichtest. Ist dieser Verzicht eine bewusste Wahl, weil du dadurch vollkommen erfüllt bist, ist das natürlich etwas anderes. Doch in den meisten Fällen kümmern sich Frauen um die Probleme ihrer Männer, um sich von ihren eigenen abzulenken. Es gibt ihnen für kurze Zeit ein erhabenes Gefühl, wenn sie die Probleme ihres Partners analysieren können, sie versuchen, ihm Mut zu machen, oder sie ihm sagen, was er machen soll. Ob er sich danach richten wird, ist die große Frage. Und seine Probleme kannst du für ihn auch nicht lösen – denn das ist nicht dein Job.

Deine Aufgabe ist es, dich um dich zu kümmern, eine große Pizza für dich zu backen. Wenn du sie auf dem Blech hast, kannst du auch allen in deiner Umgebung ein Stück davon abgeben. Wer den Fokus auf die Liebe im Inneren richtet, hat seinen Mitmenschen also nicht weniger, sondern mehr Liebe anzubieten.

Wenn du allerdings selbst immer hungrig bist, weil du gar keine Pizza auf deinem Teller hast – wie willst du dann anderen etwas davon abgeben? Von nichts kommt nichts! Und aus einer Opferhaltung in Beziehungen kann nichts Authentisches entstehen. Wenn du dich vollkommen an einen Mann anpasst und dir große Mühe gibst, so zu sein, wie dein Partner dich möglicherweise haben will, dann bist du nicht mehr die, die du warst, als er sich in dich verliebt hat. Darüber hinaus ist solch ein Ringen um Anerkennung in jeder Hinsicht erniedrigend.

Bist du bereit, aus dieser Opferhaltung auszusteigen? Dann entscheide dich endlich für dich. Damit wirst du zu einem unwiderstehlichen Magneten für deine Umgebung. Authentizität und Lebensfreude ziehen Menschen an.

Übung
Herzheilung: Born To Be Wild!
Kennst du das? Du möchtest dir einen Wunsch erfüllen, doch dann kommen dir Zweifel, die dir die Tour vermasseln. Wie oft hast

du dich schon zurückgehalten, wenn Impulse in dir waren, die wild, frei und kopflos waren? Wie oft warst du selbst die Spaßbremse, die dich davon abgehalten hat, das zu tun, was du spontan tun wolltest, weil dein zweifelnder Kopf dir dazwischengefunkt hat? Was hast du eigentlich davon, rational, vernünftig und brav zu sein und dir viel zu wenig Spaß zu erlauben? Eben – nichts! Du bremst dich nur aus und verstärkst damit das Gefühl der Leere in dir, das wiederum das Schmachten nach einem Mann nur verstärkt! Die Stimmen in dir, die dir immer wieder einen Strich durch die Rechnung machen, sind die gut gemeinten Vorstellungen deiner Eltern und Ahnen. Es liegt in deiner Verantwortung, dich im Laufe deines Lebens von ihrem Einfluss zu befreien. Bis dir dies gelungen ist, beginne einfach mit dem allerersten Schritt: Gib dir selbst die Erlaubnis, wild, frei und spontan zu sein!

Erinnere dich an ein Ereignis, das dich als Kind sehr glücklich gemacht hat. Und wenn dir keins einfällt, vielleicht hast du schon immer von etwas geträumt, dir aber nie zugetraut, dir diesen Traum erfüllen zu können? Oder du hast deine Freundin um ihr grandioses Hobby beneidet? Was bringt dein Herz zum Tanzen? Gibt es eine kreative Gabe in dir, die du unterdrückst oder die du einfach vergessen hast?

Finde heraus, was du am allerliebsten machen möchtest, und gib dir selbst die Chance, dies zu erleben. Hau deine Ersparnisse auf den Kopf und setzte die Segel Richtung Erfüllung dieses Herzenswunsches. Es kann doch nicht wahr sein, dass du dich selbst davon abhältst zu erleben, wonach du dich schon so lange sehnst. Warte nicht darauf, dass Prinz Charming vorbeigeritten kommt und dir diesen Schritt abnimmt, à la Richard Gere in "Pretty Woman"! Du bist gefragt, wenn es darum geht, dir das zu ermöglichen, wonach dein Herz verlangt! Beginne heute noch damit, deine Vitalität zu erneuern, deine Lebensgeister anzukurbeln, und gehe verbindliche Dates mit dir selbst ein! Das kleine Mädchen in dir wird es dir mit sprühender Lebensfreude und positiver Ausstrahlung danken!

Wie kannst du damit anfangen, dich dir zuzuwenden? Indem du dich in den Fokus nimmst:

- Nimm dir Zeit für dich! Triff verbindliche Verabredungen mit dir!
- Übe dich darin, dir jeden Tag aufs Neue eine Freude zu machen!
- Lehne dich ohne schlechtes Gewissen zurück und gib falsch verstandene Verantwortung auch mal an andere ab!
- Tu, was du willst, wenn dir danach ist!
- Gib dir die Erlaubnis, dein Leben zu genießen! Behandle dich wie deine beste Freundin!
- Entdecke deine verschütteten Leidenschaften oder Hobbys und lebe sie!

Mit der Zeit wird es selbstverständlich für dich werden, gut zu dir zu sein. Du wirst dir immer mehr zugestehen, deinen Blick für deine wahren Wünsche entwickeln und damit anfangen, sie dir auch zu erfüllen. Du kommst aus deiner "Ein-bisschen-Haltung" heraus und beginnst damit, "GROSS und WEIT" zu denken.

Schätze dein Leben!

War in der Vergangenheit mangelnde Wertschätzung das, was dir von deinem Objekt der Begierde entgegengebracht wurde, kannst du am Grad der fehlenden Aufmerksamkeit ablesen, wie sehr oder wie wenig du dich selbst geschätzt hast. Du kannst neu wählen und dich dafür entscheiden, einen Partner anzuziehen, der dich liebevoll annimmt, unterstützt und wertschätzt.

Damit meine ich nicht, dass du von jemandem auf ein Podest gestellt wirst und er einen ungesunden Eiertanz um dich herum aufführt! Die Wertschätzung, die ich meine, ist weder Idealisierung noch Projektion noch der Tanz um das Goldene Kalb. Sie bezieht sich auch nicht nur auf dein Äußeres oder irgendwelche Fähigkeiten, die du hast. Vielmehr gibt es Menschen, die dich als Person, so wie du bist – ganz ohne Trallala und Hopsasa – zutiefst schätzen und lieben. Es gibt Partner, die sehen können, wie du bist und *wer* du bist, und die willens und in der Lage sind, dein Wesen mit all seinen Facetten anzunehmen.

Da stellt sich nur wieder die lästige Frage, ob du dies auch glauben beziehungsweise aushalten kannst. Es wird sich vielleicht erst einmal befremdlich für dich anfühlen, wenn du einen solchen Menschen in dein Leben ziehst. Und es kann sogar sein, dass du die Qualitäten eines solchen Exemplars nicht erkennst und es deshalb an dir vorüberziehen lässt. Solltest du jedoch offen für eine solche Erfahrung sein und die anfänglichen Beklemmungen überwinden, die seine offene Wertschätzung auslösen könnten, wirst du eine wunderschöne Erfahrung machen, denn dann bist du zur Abwechslung einmal die Hauptperson in deinem Film! Das ist eine erstrebenswerte Rolle, die dir große Freude verschaffen kann, findest du nicht?

Die simple und dennoch nicht zu unterschätzende Übung, die ich dir dazu empfehlen möchte, lautet: *Schätze dein Leben! Egal in welcher Situation!*

Für die meisten Menschen stellt diese absolute Wertschätzung ein enormes Problem dar. Es fühlt sich zunächst sehr "konstruiert" an, wenn man versucht, sich aufzuwerten, liebevoll zu behandeln und gut zu sich zu sein, sofern man normalerweise dazu neigt, ungeduldig, abwertend und fordernd sich selbst gegenüber zu sein. Irgendwie *wollen* wir unser eigenes Leben nicht schätzen. Den Job soll jemand anderer erledigen: Johnny Herzblatt!

Wir bekommen jedoch nur höchst selten Wertschätzung von außen. Wir werden entsprechend den Ereignissen in unserem Alltag bewertet und meistens nur dann gewürdigt, wenn es ein allgemein anerkanntes Motiv dafür gibt - wie zum Beispiel ein Erfolgserlebnis, für das wir ein Lob oder eine Auszeichnung erhalten. Mit "Wertschätzung deiner Person" ist jedoch keine Belohnung gemeint für irgendetwas, das du erst leisten müsstest. Unser Leben besitzt unglaubliche Weisheit, doch leider vertrauen wir uns selbst nicht ausreichend und lassen diese Kraft nur selten zu. Uns davon abhalten, ein glückliches Leben zu führen, kann vor allem Folgendes: Wir machen uns zu sehr von anderen Menschen und deren Beurteilung abhängig.

Viele von uns wissen nicht, wer sie wirklich sind und was der Sinn ihrer Existenz ist - und wenn sie es doch wissen, fällt dieses innere Wissen oft Illusionen über den Sinn zum Opfer.

Wir lassen uns nicht selten zu einem Leben verleiten, das nicht viel mit unseren ursprünglichen Idealen und unseren wirklichen

Gaben zu tun hat, sei es aus dem Wunsch nach Sicherheit und Geld heraus, aus Angst (vor Arbeitslosigkeit zum Beispiel), wegen eines Erwartungsdrucks seitens unserer Eltern, Vorgesetzter oder gesellschaftlicher Institutionen. Schließlich tendieren wir dazu, unser Leben auf eine Weise zu führen, wie wir es uns eigentlich nicht vorgestellt hatten. Es hat dann oftmals nicht mehr viel mit unserer eigentlichen Identität zu tun. Dennoch lassen wir es zu, dass diese falsch besetzte Rolle zu unserer Realität wird. Wie oft fragst du dich, ob du dich nicht im falschen Film befindest und ob sich dein Leben nicht doch noch ändern ließe? Und was tust du konkret dafür, damit dies geschehen kann? Warum greifst du nicht ein und rettest dich? Wann entwickelst du den Mut, für dich und die Visionen deines Lebens aufzustehen und zu gehen?

Besonders schwer scheint es uns zu fallen, für unsere Bedürfnisse einzutreten, wenn wir uns einsam fühlen, schwarzsehen und tausend trübe Gedanken in uns tragen. Wie aber sollen wir uns selbst mit aufbauenden Worten zur Seite stehen, wenn wir doch überhaupt nicht an uns und unser Recht auf Glück glauben können? Leicht ist es tatsächlich nicht, sich am eigenen Schopf aus dem Sumpf zu ziehen. Doch wer soll damit anfangen – wenn nicht wir? Es wird keiner an unsere Tür klopfen mit den erlösenden Worten: "*Sie hatten Selbstwert und Eigenliebe im Doppelpack bestellt?*" Versuche gerade dann, wenn dein Leben auseinanderzubrechen droht, mit Wertschätzung für dein eigenes Leben zu reagieren statt mit Verzweiflung und Hilflosigkeit. Zieh dich hoch – statt runter – und sei es auch nur zentimeterweise!

Auf einer tieferen Ebene bedeutet sich zu lieben nicht nur, sich alle Wünsche zu erfüllen und sich mit netten Leuten zu umgeben. Es geht in allererster Linie um einen liebevollen Umgang mit sich selbst, der sich durch alle Bereiche des Lebens zieht. Sei gut zu dir selbst, umarme dein Leben und dein Wesen, kümmere dich um die Wunden deines inneren Kindes und übernimm die

Verantwortung für dein Leben, damit es so lebenswert wird, wie du dir es erträumst! Wenn andere dich verletzen oder respektlos dir gegenüber sind, stehe für dich ein und lasse nicht zu, dass sie ihr Spiel mit dir spielen. Stehe zu dir wie deine beste Freundin. Oft ist es auch wichtig, dass du gesunde Grenzen ziehst zwischen deinem Engagement für andere und für dich selbst, so dass du nicht immer wieder in der Sackgasse übermäßig aufopfernden Helfens landest.

Du kannst heute damit anfangen, deine Existenz zu lieben! Schätze zuallererst und ohne Wenn und Aber dein eigenes Leben! Bringe dir gegenüber Verständnis auf, wenn dir etwas nicht gelingt! Zeige dir deine Wertschätzung, wenn du etwas wieder und wieder versuchst und es dir trotzdem misslingt. Übe Nachsicht mit dir, vor allem dann, wenn du dich deiner Fehler schämst! All das hat etwas mit bedingungsloser Liebe zu tun. Geduld, Glaube und Ermutigung sind Qualitäten, die du dir selbst entgegenbringen solltest. Je selbstverständlicher das für dich wird, desto klarer wird die Entsprechung in deiner Umgebung sein.

Da dein inneres Kind weiterhin Gehör finden will, wirst du gut daran tun, dich mit ihm zu beschäftigen, sei es durch Therapie, Meditation, Lesen oder Schreiben. Ich liebe es zu schreiben, weil es mir ermöglicht, Probleme zu reflektieren und meinen seelischen Druck zu mindern. Indem ich meinen Kummer auf ein Stück Papier bringe (oder in die Tasten haue), werde ich ihn bereits teilweise los. Ich schreibe ihn mir von der Seele und relativiere ihn dadurch.

Effektiv beim Schreiben ist es, deinen Analysen Überschriften zu geben. Bei Trennung könnte zum Beispiel ein Satz darüber stehen wie: "*ICH KANN, und mein Leben geht weiter.*" Oder: "*Wohin führt mich mein Weg jetzt? Was ermöglicht mir meine Trennung? Wo will ich in fünf Jahren stehen?*"

Egal, ob Tagebuchschreiben, Gespräche mit einer Freundin oder Nachdenken in der Sauna: Finde heraus, was dir hilft, und setze es Schritt für Schritt um. Alles hängt von deiner Hinwendung ab.

Wenn wir uns selbst lieben, sind wir in der Lage, alles um uns herum zu beeinflussen. Bist du Liebe, hast du alle Macht der Welt, die Dinge zum Positiven zu wenden. Du hast jedoch keinerlei Macht, andere gegen ihren Willen zu ändern. Schon gar nicht mit Kritik und Druck. Wenn du dich wertschätzen kannst, folgt dieser Einstellung eine entsprechende Wirkung in deinem Umfeld.

Das Oberflächliche abzulegen und die Tiefe zu suchen, das erfordert Mut

Eines ist klar: Aus dem Film auszusteigen - Projektionen und Illusionen abzulegen und das anzuschauen, was ist -, dazu gehört viel Mut und Vertrauen. Mut ist nicht die Abwesenheit von Angst, sondern der Entschluss, sie zu überwinden. Nur durch Angst kann es überhaupt Mut geben! Denn wie mutig ist jemand, der Dinge tut, vor denen er sich niemals gefürchtet hat?

Wie schnell dein Leben sich in die Richtung bewegt, die du dir ersehnst, hat vor allem mit deiner tiefen inneren Entschlossenheit zu tun. Ich meine damit nicht die Entschlossenheit, die allein in deinem Kopf existiert, sondern die innere, tiefe Entscheidung, dass du so und nicht anders leben möchtest. Du hast es in der Hand, für dein Glück einzutreten. Du wirst vom Leben immer wieder auf die Probe gestellt durch die Ereignisse, die kommen und gehen. Es ist, als würdest du vom Universum getestet, wie sturmfest deine inneren Überzeugungen tatsächlich sind. Denn kaum machst du auf einem Gebiet einen kleinen Fortschritt, folgt sofort ein "Testereignis", das dich zu fragen scheint: *"Bist du sicher? Kannst du widerstehen?"* Nicht selten wirft dich ein solcher Moment wieder aus dem Sattel.

Übung

Herzheilung: Selbstliebetagebuch

Kauf dir ein schönes Notizbuch und nenne es dein Selbstliebetagebuch. Darin sammelst du regelmäßig alles, was du an dir liebst und schätzt. Schreibe einfach auf, wie es dir geht - ohne Zensur.

Lass deinen Gefühlen freien Lauf, und schreibe dir zunächst alle Gemütszustände von der Seele: Was dich glücklich macht, was dich quält. Wenn du deine Gefühle in Tinte getaucht hast, liest du dir alles noch einmal durch und unterstreichst alle Sätze, in denen du dich oder andere negativ beurteilst.

Fällt dir auf, wie stark deine Tendenz ist, dich und andere abzuwerten? Wie fühlt es sich an, wenn du so negativ über dich urteilst, denkst und sprichst? Was bringen dir diese Verurteilungen? Nichts. Selbstverurteilung und Verurteilungen anderer rauben dir Lebensenergie und den Elan für dein Weiterkommen! Jetzt geht es darum, diese innere Haltung zu korrigieren und dir und anderen zu vergeben. Liste alles auf, was du wirklich liebenswert an dir findest. Nimm eine liebevolle Haltung dir selbst gegenüber ein. Sei geduldig, großzügig, feinfühlig und hilfsbereit dir selbst gegenüber. Ermutige dich, so als wärst du deine beste Freundin, mit Sätzen wie:

- *Das habe ich wirklich gut gemacht, als ich heute ...*

- *Ich bin froh, dass ich bin, wie ich bin, und dass ich heute meine Gefühle ausgedrückt habe, als ...*

- *Auf mich kann ich mich echt verlassen! Es ist so schön, dass ich immer auf mich zählen kann!*

- *Ich bin wirklich feinfühlig und liebenswert. Ich fand es wirklich klasse, wie ich heute ...*

- *Ich schätze mich zutiefst! Auch wenn ich in manchem nicht perfekt bin, bin ich absolut liebenswert.*

- *Die Sache mit ... hat mich wirklich traurig gemacht. Ich lasse nicht mehr zu, dass mich jemand so respektlos behandelt. Ich spreche das an und wenn ... sein Verhalten mir gegenüber nicht ändert, ziehe ich mich zurück.*

- *Ich lasse nicht zu, dass mich etwas dauerhaft deprimiert. Falls eine Situation für mich untragbar ist, setze ich all meine Kraft ein und verändere sie.*

- *Falls mich jemand noch einmal so respektlos und kritisch behandelt, gehe ich einfach.*

- *Falls ich bemerke, dass ich Groll gegen jemanden hege, werde ich diesen Groll loslassen, indem ich mir und dieser Person verzeihe. Groll tut mir nicht gut und vergiftet mein Leben.*

- *Ich sorge gut für mich und beschütze mich.*

- *Wenn mir bewusst wird, dass ich in süchtige Forderungen verstrickt bin, kann ich mich daraus befreien, indem ich mich wieder auf die Liebe in mir fokussiere und loslasse. Ich gebe mir dafür alle Zeit der Welt und mache mir keine Schuldgefühle, wenn süchtiges Verlangen sich in mir breitmacht. Ich verstehe, warum ich das tue, und lerne jedes Mal neu daraus, dass ich auf dem Pfad bedingungsloser Liebe bin. Altbekannte Muster können sich nur verwandeln, indem ich mich immer wieder neu für deren Transformation entscheide.*

- *Egal, was passiert, ich wähle die Liebe und die Liebe zu mir.*

- *Ich sorge für mehr Spaß in meinem Leben. Für nächstes Wochenende plane ich ...*

- *Es macht nichts, dass ich es heute noch nicht geschafft habe, mein Ziel zu erreichen. Morgen ist auch noch ein Tag.*

- *Ich liebe mich jeden Tag mehr für mein großes Herz, und ich bemerke, dass mir alles besser gelingt, wenn ich Geduld und Verständnis für mich selbst habe.*

- *Ich gebe mein Bestes für mein Glück und die Verwirklichung meiner Träume!*

Fokussiere dich beim Schreiben auf dein Potenzial. Entdecke, wie viel Spaß es machen kann, dich selbst zu ermutigen, und verstärke täglich deine Selbstliebe mit deinen positiven Worten. Du bist es wert, dass du dir diese Zeit für dich nimmst!

Liebe erzeugt Liebe

Voraussetzungen für liebevolle Beziehungen

"Denn Liebe ist Überfluss, Überströmen, Überfülle, die verklärend von ihrem Reichtum abgibt – seelisch ebenso wie leiblich abgibt und überströmt."

Diotima

Wenn du ein Leben führst, das dich erfüllt, wird es dir nicht schwerfallen, damit anzufangen, dir aufrichtig und von ganzem Herzen zu wünschen, dass auch das Leben deines Partners glücklich und erfüllt ist – ohne dabei einen Hauch von Eifersucht oder das Gefühl von Vernachlässigung zu hegen. Wenn du dir also wünschst, dass das Leben deines Liebsten vollständig erblüht, ohne gleich die Befürchtung zu haben, dass er dich nun nicht mehr braucht, ist das ein Ausdruck von bedingungsloser Liebe.

Diese Fähigkeit bedeutet auch, in der Lage zu sein, zu lieben statt nur selbst geliebt werden zu wollen. Oder liebst du nur, um geliebt zu werden? Dann handelt es sich bei deinem intensiven Begehren nach Zuneigung nicht um Liebe, sondern um *Bedürftigkeit* – nur zur Erinnerung!

Bereits in dem Moment, in dem du Liebe *bist*, beginnt sich das Rad zu drehen, denn du aktivierst das Geben in dir. Ganz ohne Erwartung einer Gegenleistung. Das macht Spaß, und das Beste daran ist: Da diese aktive Liebe aus dem Herzen kommt, spürt auch der Sender, also du, eine Wirkung. Der Duft wahrer Liebe ist unwiderstehlich!

Damit dies geschehen kann, reicht es schon, dass du bedingungslose oder aufrichtige Liebe erleben *willst* – ein Gefühl der Fülle, das aus dir kommt und immer mehr wird statt weniger. Wenn du tiefe Erfahrungen mit der Liebe in dir machst, bist du imstande, dein Herz zu verschenken! Dieses erhabene Gefühl ist so groß, dass es dich grundlos glücklich macht!

Es gibt verschiedene Wege, sich dem großen Ganzen zu widmen. Sie alle haben die Absicht, eine Rückkehr zur Einheit herzustellen, sei es über die Verbindung mit der Natur, anderen Menschen oder gar dem Kosmos. Wenn du Sehnsucht hast, deine Vollkommenheit zu erfahren, dann betrachte doch einfach die atemberaubende Schönheit der Natur. Egal, ob es die Wellen des Meeres sind, die du als Ausdruck der Lebenskraft erkennst, oder die majestätische Erhabenheit der Berge, die Weite des Horizonts oder des Sternenhimmels. Du bist ein Teil der kosmischen Schöpfung und vollkommen ausgestattet. Erlebe, was dir guttut und was dich daran erinnert, dass du ein liebenswertes Wesen des Lichts bist.

Eins zu sein mit der alles vereinenden Liebe heißt also, jegliches Gefühl des Abgetrenntseins zu überwinden und zu deiner ursprünglichen Einheit zurückzukehren. Die Weite und die Erhabenheit der Natur vermögen unseren Horizont zu erweitern und uns daran zu erinnern, dass es so viel mehr gibt als nur die leidvolle Fixierung auf eine Liebesbeziehung. Die Natur kann die Verbindung zu einem geliebten Menschen zwar nicht ersetzen. Doch statt zu denken *"Wenn ich jetzt mit X hier wäre, würde ich das alles viel mehr genießen"*, versuche doch mal die Schönheit unseres Planeten wirklich auf *dich* einwirken zu lassen, *dich* einzulassen und zu verschmelzen.

Vielleicht haben Beziehungen sogar den höheren Zweck, uns aus der Illusion zu lösen, die Liebe sei nur in und durch einen anderen zu finden. Die Liebe ist immer da, in dir, in ihm, in anderen, in jedem Wesen um dich herum. Genau wie alle anderen Energien, die wir in uns tragen. Es geht in diesem Leben wohl vor allem um die Weitergabe von Liebe, darum, dass wir unsere Herzen öffnen.

Es ist absolut möglich, mit einem "offenen Herzen" zu leben, ohne verletzt zu werden. Einfach weil andere dich nicht auf dieselbe Weise treffen können, wenn du Liebe *bist*. Mit solch einer magnetischen Ausstrahlung findet dich mit Sicherheit der Mann, mit dem du auf einer, deiner Welle reiten kannst. Nicht nur, weil er Qualitäten mitbringt, die deinen Bestelllisten entsprechen, sondern weil du auf eine Weise liebst, die dich unwiderstehlich macht: offen, frei, respektvoll und unbeschwert – und das nicht nur für 90 Tage.

Wenn es so etwas wie *"Voraussetzungen für liebevolle Beziehungen"* gibt, dann würde ich sie folgendermaßen benennen:

- Der Wunsch nach tiefer und verschmelzender Liebe zum Leben und zu dir selbst.

- Der Kontakt zur besitzlosen Liebe in dir, die dich so sehr erfüllt, dass du sie unbedingt weitergeben möchtest.

- Authentizität: Du bleibst dieselbe – egal, wie *er* sich verhält.

- Die Fähigkeit, allein zu stehen – um gemeinsam zu gehen.

- Die Fähigkeit, immer wieder Freiraum für deine Entwicklung zu schaffen – und dem anderen Freiraum zu lassen.

- Toleranz, Respekt und die Bereitwilligkeit, den anderen so zu lassen und zu lieben, wie er ist, statt ihn ständig ändern oder manipulieren zu wollen.

- Leidenschaft, ohne zu leiden, die sich durch ein tiefes Miteinander auszeichnet.

- Die Fähigkeit, Liebe ohne Schuldgefühle anzunehmen und erwartungslos geben zu können.

- Geduld mit dir und auch mit deinem Partner. Der Weg zur bedingungslosen Liebe braucht Zeit. Nimm es dir nicht übel, wenn alte Muster in dir wieder ihr Recht fordern. Sie waren sehr lange ein Teil von dir und werden nie ganz verschwinden.

- Der freiwillige Einsatz für den Partner ohne Hintergedanken und ohne die versteckte Absicht, von den eigenen Schwierigkeiten abzulenken.

- Ein Geben und Nehmen, das sich die Waage hält.

- Die Bereitschaft, an den guten Seiten wie auch an den Schwächen des jeweils anderen zu wachsen.

- Die Fähigkeit zu erkennen, wenn du von deinen süchtigen Tendenzen eingeholt wirst, und die Bereitschaft, zu deiner inneren Basis zurückzufinden.

- Gelassenheit: Dein Leben ist lebenswert, ob er an deiner Seite ist oder nicht.

Antoine de Saint-Exupéry schreibt in *Der Kleine Prinz* den berühmten Satz: "*Liebe ist nicht, wenn sich zwei Menschen ansehen, sondern wenn zwei Menschen gemeinsam nach vorne, in dieselbe Richtung schauen.*"

Ein gemeinsames Ziel zu haben, ist aus meiner Sicht ebenfalls eine wichtige Bedingung für eine glückliche Zukunft. Wenn dein Partner aus seinem aufrichtigen Wunsch heraus eine Vision mit dir teilt, dann wird euch nichts und niemand davon abhalten können, diesen Traum auch zu verwirklichen. Zumindest sollte es eine Vision davon geben, wie die gemeinsame Beziehung aussehen soll. Was ist ihr Sinn? Hat sie vielleicht sogar einen höheren Zweck?

Eine weitere Voraussetzung für eine gesunde Beziehung sehe ich darin, sich die folgenden Fragen zu stellen:

- Was kann ICH mir bieten?

- Was biete ICH meinem Partner?

- Was habe ICH bisher erreicht?

- Was möchte ICH noch erleben?

- Wie soll MEIN Leben aussehen?

- Was bin ICH bereit, dafür zu tun?

- Was ist MEINE wahre Bestimmung?

- Was ist MEINE Leidenschaft? (Und zwar nicht die, die Leiden schafft!)

Um diese Fragen beziehungsweise um die Antworten darauf geht es doch, wenn wir eine stabile und tiefe Bindung mit einem Partner aufbauen möchten. Wer bin ich, und wie zufrieden bin ich mit mir und meinem Leben? Einen Mann zu brauchen, um damit das eigene Leben aufzuwerten, funktioniert höchstens kurzfristig und ist immer mit einer Rechnung verbunden, die unverhältnismäßig hoch sein kann.

Ich möchte dich nicht dazu auffordern, perfekt zu werden, sondern dazu, das Leben an sich und jeden neuen Tag zu schätzen: Carpe diem! Ich möchte dich nur daran erinnern, wie wesentlich es ist, dass du dein Leben nach deinen Vorstellungen und Anlagen führst: Get your own life!

Lebe so, als sei heute der erste und der letzte Tag deines Lebens, und gehe am Abend ohne Reue ins Bett! Gestalte und entwickle dein Leben, und verliebe dich Hals über Kopf in seine Vielfalt! Die Männer werden bei dir Schlange stehen, und: Weißt du was? Es wird dir nicht mehr wichtig sein, obwohl du diese

Aufmerksamkeit genießen wirst, während du – allein oder mit deinem Liebsten – durchs Leben gehst. Zu schön, um wahr zu sein? Probier' es aus. Es lohnt sich!

Übung

Herzheilung: Mitgefühl für dich selbst

Aus eigener Erfahrung weiß ich, wie es ist, wenn man zu streng mit sich selbst ist und diese Haltung nicht ablegen kann. Die Urteile, die wir über uns selbst fällen, sind meist krass und maßlos übertrieben. Auch wenn wir gewisse Programmierungen aus Kindheitstagen nicht freiwillig erlernt haben, machen sie uns seitdem das Leben schwer.

Daher möchte dich ermutigen, mitfühlend mit dir selbst zu sein! Mitgefühl für dich selbst ist der Nährboden für deine wachsende Selbstliebe! Habe Verständnis dafür, dass du immer noch zwanghaft an Kerle denken musst, an die du gar nicht denken willst, weil du meinst, dass sie es gar nicht verdienen. Du sehnst dich einfach seit Kindertagen nach Liebe, Zärtlichkeit, Geborgenheit und Halt. Die starke Sehnsucht, die du in dir fühlst, ist kein "Spleen", sondern sie ist Ausdruck des Gefühls der Verlorenheit in dir. Tiefe Verletzungen deines vergangenen Lebens rufen nach Liebe, Fürsorge und Aufmerksamkeit. Auch wenn du kein Opfer bist, ist es absolut legitim, dich als ein solches zu fühlen, denn als Kind hattest du keine Wahl und die Wunden deiner Kindheit brauchen deine Zuwendung. Es ist ein Ausdruck tiefer Zuneigung für dich selbst, wenn du deine Traurigkeit wahrnimmst.

"Ich erkenne und akzeptiere jetzt meinen großen Wunsch nach Geborgenheit und Nähe. Ich gestehe mir ein, dass ich die Liebe suche, die ich bereits seit langem vermisse. Die Liebe, die ich suche, ist nicht nur in einer anderen Person zu finden. Sie ist

in mir, und ich werde mir dessen jetzt gewahr und widme mich ihr. Ich nehme mich so an, wie ich bin.

- *Ich habe tiefes Mitgefühl mit mir selbst.*
- *Ich verurteile das Gefühl der Verlorenheit in mir nicht mehr.*
- *Ich habe tiefes Verständnis für mein 'irrationales' Verhalten.*
- *Ich achte alle meine Gefühle.*
- *Von jetzt an kümmere ich mich um mich und widme mich meinem Glück.*
- *Ich bin kein Opfer mehr.*
- *Mein Glück hängt nicht von der Aufmerksamkeit eines Mannes ab.*
- *Von jetzt an gestalte ich mein Leben neu!"*

Time Out: Weite deinen Blick und öffne dein Herz

Das Leben bringt uns nur zu oft in Situationen, in denen unsere Fortschritte bei den Lernaufgaben in Sachen Liebe aufs Heftigste getestet werden. Es gibt Zeiten, da sieht man den Wald vor lauter Bäumen nicht mehr, und für diese Momente möchte ich dir ein paar Impulse geben, damit du gerüstet bist und deinen Gewohnheiten, die dich nicht weiterbringen, ein Schnippchen schlagen kannst.

Unser Herz spricht die Sprache der Seele. Doch für Liebesjunkies ist das Herz allein nicht immer der beste Ratgeber, weil sie vor lauter Emotionen alle guten Vorsätze über den Haufen werfen. Nehmen wir also unseren Kopf mit an Bord, wenn wir uns auf die raue See der menschlichen Beziehungen begeben. Unser Herz ist der Kompass und unser Kopf der Rettungsanker, um nicht von unserem Sehnsuchtsstrom in die Strudel gerissen zu werden, aus denen wir so schwer wieder herausfinden. Laden wir Kopf und Herz zu einem herzlichen Miteinander ein, in dem sie einander beraten, sich zur Seite stehen und Dialoge führen. Der Dialog ist die Straße zum Frieden, also auch zur Liebe. Lass deinen Verstand mitreden in Situationen, die für dein Herz allein zu gefährlich werden könnten.

Am Anfang jeder Heilung steht immer die Erkenntnis. In deinem Fall ist es die Einsicht: *"Ja, ich habe liebessüchtige Tendenzen in mir."* Oder: *"Ja, ich bin sehr liebebedürftig."* Damit hast du eine klare Diagnose und kannst den Herausforderungen deines

Liebeslebens aktiv entgegentreten. Denn du weißt, dass du aufgefordert bist, einen Schalter in dir umzulegen, etwas in dir zu ändern.

Therapien sind sicher richtig und wichtig, und ich kann nur jedem empfehlen, eine zu machen, wenn die innere Bereitschaft dazu da ist oder wenn du allein einfach nicht weiterkommst. Um dir eine kleine Auszeit zum "Runterkommen" zu ermöglichen, fasse ich hier das Wichtigste noch einmal zusammen: "Time Outs" als Tipps zum Erden. Diese Impulse zum Nachdenken sollen dir keinesfalls Druck machen, das "Richtige" zu tun, sondern sie sollen dich vielmehr daran erinnern, dass du eine echte Alternative zum Warten und Schmachten hast. Dass du nicht von heute auf morgen deine Verhaltensweisen ändern kannst, ist mir klar. Ich habe selbst ziemlich viele Ehrenrunden gedreht, bis dieses unglückliche Spiel ein Ende hatte.

TIME OUTS

Triffst du einen Mann, der dir gefällt, ist es gut möglich, dass du sofort all deine Sehnsüchte und Zukunftswünsche auf ihn projizierst. Das hält der stärkste Mann nicht aus! Damit schlägst du ihn schneller in die Flucht, als du gucken kannst. Sollte dies passieren, haben weder du noch er "Schuld" daran. Es handelt sich schlicht um eine unbewusste Dynamik, die entsteht, wenn deine Bedürftigkeit und seine Angst davor, Tango zu tanzen, zusammentreffen. Gehe in dich und werde dir liebevoll über deinen Anteil an dieser Erfahrung klar. Verzeihe dir, und kümmere dich um dein inneres Kind. Entschließe dich, beim nächsten Mal bewusster zu sein und aus der Liebe in dir zu handeln.

Solltest du dich dabei ertappen, einen Partner zwanghaft in den Mittelpunkt deines Lebens zu stellen, erinnere dich daran, dass *du* das Zentrum deines Lebens bist. Es kann hilfreich sein, dich laut zu fragen: "*Bin ich denn nur dazu geboren, um mich um einen Mann zu drehen?"* Die Liebe wohnt in dir. Du musst keinen Preis dafür bezahlen, um sie zu erfahren. Du kannst auch ohne die Anwesenheit eines anderen erfüllt sein. Wenn du glücklich bist, spiegelt sich dieses Glück auch in deinen Beziehungen.

Falls du dich beim Klammern und Fordern erwischst, denke daran, dass wahre Liebe keine Zwänge kennt. Sie ist grenzenlos, frei und kann von dir erschlossen zu werden. Die Liebe ist nicht immer das, was wir für sie halten.

Tausche Bremse gegen Gaspedal! Übe dich darin, auf die Bremse zu treten, wenn du eigentlich Gas geben wolltest! Konkret: Wenn alles in dir danach drängt, ihm hinterherzulaufen, dann tu es nicht! Auch wenn die Versuchung noch so groß ist, seine Stimme zu hören, um zu erfahren, ob er an dich denkt und was er empfindet, oder weil dich schlicht die Sehnsucht packt – sag dir: "Stopp!" Und mach das Gegenteil. Nimm dir eine kleine Auszeit, um wieder zu dir zu finden. Um dich daran zu erinnern, dass Nachlaufen ihn dir nicht näher bringt. Unternimm etwas Schönes, was dein Herz erfreut und dich auf andere Gedanken bringt.

Wenn alles in dir schreit: *"Rechts!"*, dann biege zur Abwechslung einmal links ab. Neues kann nur dadurch entstehen, dass du etwas Neues tust und eine andere Route nimmst. Auch wenn es ungewohnt ist. Deine Gewohnheiten haben dich aber ja in der Vergangenheit deinem Ziel, eine erfüllte Beziehung zu führen, nicht näher gebracht.

Auch auf die Gefahr hin, dass ich mich wiederhole: Gib die Illusion auf, deinen Liebsten verändern zu können. Du hast alle Macht, dein Leben zu bewegen, aber keine Macht, dich in seine Entscheidungen einzumischen. Wenn du etwas Entscheidendes in dir veränderst, sprich: dich auf neue Weise verhältst, verändert diese Veränderung ihn mit. Weil du andere Reaktionen in ihm hervorrufst, andere Knöpfe drückst. Du machst den ersten Schritt - nicht auf ihn zu, sondern in Richtung Selbstliebe. Es geht darum, die *Beziehung zu dir selbst* zu verändern.

Schluss mit der Warterei als Couch-Potato! Wenn du auf deinem Sofa neben dem Telefon Wurzeln schlägst mit der inneren Endlosansage in deinem Kopf *"Klingel, Telefon, klingel! Warum rufst du mich nicht an?"*, versinkst du nur in quälender Melancholie und Opferhaltung.

Steh auf und mach was! Singe, springe, tanze, geh raus, treibe Sport, triff dich mit Freunden! Tu alles dafür, "locker" zu werden, statt dich in unsäglicher Selbsthypnose und in Abhängigkeiten zu verrennen. Diese fixierende, lähmende Energie des Wartens kann ansonsten zu einem Fahrstuhl zum Schafott für dich werden.

Sitzen, zweifeln, grübeln, warten sind Verben, die du als genesende Liebesromantikerin aus deinem Tagesablauf streichen solltest! Auch wenn es schwerfällt - werde aktiv für dich und andere! Es wirkt.

Sehnsucht kann schön sein, wenn sie nicht überhand nimmt. Genieße deine Sehnsucht, statt dich von ihr komplett vereinnahmen zu lassen. Wenn du an ihn denken musst, denke an ihn - ohne dich zu verlieren: Die Regenbogenfarben, die du durch ihn gesehen hast, sind immer noch da - selbst dann, wenn er gerade nicht da ist. Und wenn es Liebe zwischen euch ist, ist er sowieso immer bei dir, denn ihr seid eins - egal, wo auch immer ihr euch befinden mögt.

Bist du die treibende Kraft in deiner Beziehung? Kunststück, wir Frauen sind einfach das stärkere Geschlecht (auch wenn wir dazu neigen, unser Licht unter den Scheffel zu stellen und unsere

Kraft zu verleugnen) – schließlich waren wir mal Amazonen. Geh voran! Wenn dein Herzallerliebster nicht in die Gänge kommt, gib ihm behutsame Hinweise, was dein Anliegen ist. Bleib locker, und lass ihm Zeit. Eventuell wird er die Initiative ergreifen und dich überraschen. Gib ihm die Zeit, statt immer schneller zu sein als er (siehe "Der Hase und der Igel"). Wenn er dir trotz aller Geduld und Nachsicht zu langsam ist, ist er vielleicht nicht der Richtige für dich und dein Tempo. Vielleicht lässt du ihn dann besser los? Es wird dir nicht gelingen, aus einer Schnecke einen Formel-1-Rennwagen zu machen.

Sollte der Mann, der dich verzaubert hat, versuchen, dir Kompromisse schmackhaft zu machen, gegen die du dich sträubst, zeig ihm ganz deutlich, dass du diese Einladung in den falschen Film ablehnst. Du führst die Regie in deinem Leben, und du musst dich nicht auf Erfahrungen einlassen, die du nicht machen möchtest.

Befindest du dich in einer Beziehung, in der dich dein Partner herabsetzt, tritt klar für deinen Selbstwert ein. Wenn du deutlich machst, dass du dich liebst und respektierst, wird er immer weniger Dinge sagen oder tun, die deiner nicht würdig sind. Tut er es trotzdem, zeige ihm die kalte Schulter und lass dich nicht auf Machtspielchen ein. Niemand hat das Recht, dich in den Dreck zu ziehen oder dich in eine missliche Lage zu bringen. Auch nicht Prinz Charming!

Finger weg von einseitiger Liebe! Du verbrennst dich nur! Liebe lässt sich nicht erzwingen. Wenn der Mann deiner Wahl dir eindeutig sagt oder zeigt, dass er dich nicht auf die gleiche Weise liebt wie du ihn, oder wenn er dich nicht lieben kann: Glaube ihm! Hör auf, dir sein Nein schönzureden. Dein Einsatz, ein Herz zu erobern, das nicht erobert werden will, ist vergebliche Liebesmühe, Zeit und Energieverschwendung. Marathonhaftes Durchhalten ist in solchen Fällen schmerzhaft, sinn- und würdelos. Deshalb: Sei auf liebevolle Weise streng zu dir und distanziere dich – auch wenn's wehtut. Sollte er doch anders für dich empfinden, wird er auf dich zukommen.

Beteuert dein Herzallerliebster dir hingegen seine tiefe Zuneigung, hält dich aber trotzdem hin, weil er noch gebunden ist, setze dir eine Frist, wie lange du diese Situation noch akzeptieren willst und kannst. Ob er sich trennt oder nicht, sollte jedenfalls nicht die Prämisse oder Voraussetzung dafür sein, ob und wie dein Leben weitergeht. Bleib nicht stehen und warte, sondern gehe deinen Weg! Treibe dein Leben voran, unabhängig davon, ob *er* an deiner Seite ist oder nicht. Auf diese Weise kannst du die undankbare Rolle der Geliebten verwandeln, denn wenn du dich unabhängig verhältst, ist es egal, was sich in seinem Leben abspielt – es kann deines nicht beschneiden. Von daher kannst du solch eine Situation zum Anlass nehmen, deine "Unabhängigkeitsmuskeln" zu trainieren!

Apropos Muskeln: Ist ein Marmortisch zu schwer für dich zum Heben, ist das nicht die Schuld des Tisches. Er wiegt, was er wiegt. Wenn du ihn anpacken willst, ist das deine Entscheidung. Dann solltest du deine Muskeln beziehungsweise deine Liebesfähigkeit stählen! Übertragen heißt das: Gib nicht *ihm* die Schuld an den Situationen, in die du kommst. Du verursachst sie mit, denn du hast dir diesen Mann ausgesucht! Du hast die Kraft und die Weisheit in dir, sie zu meistern!

Solltest du Single sein und noch auf den Mann deiner Träume warten, hier ein kleiner Trost: Er kommt ganz sicher in dein Leben, allerdings nicht frei Haus. Du musst schon rausgehen und am Leben teilnehmen. Bei aller Liebe: Versteife dich nicht auf die Vorstellung, alles in deinem Leben würde sich positiv für dich entwickeln, wenn *er* an deiner Seite wäre. Wir bauen uns schnell die

Illusion auf, das Leben wäre wunderbar und filmreif, wenn der Erlöser nur endlich da wäre. Ja, die Liebe ist phantastisch und wundervoll. Doch Beziehungen bringen eben auch enorme Herausforderungen mit sich, die dich niemals arbeitslos werden lassen.

Wenn dich dein Traumprinz schlecht behandelt – dann ist er keiner. Dann ist es Zeit, aufzuwachen und das Band zwischen euch zu zerschneiden. Ansonsten zerschneidest du dir dein Herz. Verwechsle tiefes Leid nicht mit tiefer Liebe. Tiefe Liebe lebt nicht in der Dunkelheit, sondern im Licht!

Weite deinen Blick und dein Herz! Wenn du nur noch *ihn* siehst, läufst du Gefahr, den Rest der Welt zu vergessen. Ein guter Weg, dich von zu extremen Fixierungen zu lösen, kann auch sein, dich mit deinen Mitmenschen zu beschäftigen. Vielleicht braucht ein Freund, ein Nachbar, die alte Dame nebenan, ein Kind, ein Tier oder wer auch immer deinen Einsatz. Weite deinen Blick für die Welt, statt so zu tun, als gäbe es nur euch zwei. Wenn du dich von Herzen für jemanden in deiner Umgebung einsetzt (und damit ist kein Helfersyndrom gemeint), kommst du zu deiner wahren Kraft und erschließt Energien, die Freude und Leichtigkeit auch in dein eigenes Leben bringen.

Verplempere nicht deine kostbare Lebenszeit mit Jammern, sondern entdecke das enorme Potenzial, das in dir steckt, und lebe es. Du hast eine wichtige und einzigartige Aufgabe in deinem Leben. Vergiss sie nicht vor lauter Liebe. Liebe ist dafür da, dich mit dem Leben zu verbinden, nicht dafür, dass du dich durch sie in quälenden Liebeskummer verstrickst und dich vom Leben abschneidest.

Auch wenn du es nicht glauben magst: Es kann sehr gut sein, dass du für andere die geborene Beraterin in Liebesdingen bist. Das, was du anderen rätst, rätst du dir auch selbst, denn du und dein Unterbewusstsein hören ja mit. Hab also ein offenes Ohr für andere

Liebessüchtige in deinem Leben. Euer Austausch kann große Erkenntnisse und "Aha-Erlebnisse" bringen.

Lade täglich deine Batterien mit deiner Liebesenergie auf! Sie ist da, sie ist in dir. Genauso wie du jeden Tagen essen, trinken und schlafen musst, solltest du auch täglich etwas dafür tun, um mit der Liebesenergie in Kontakt zu kommen, denn sie ist das Zentrum deines Lebens. Und wenn du dein Zentrum vernachlässigst, ist es logisch, dass du aus der Bahn gerätst. Wie du deine Liebesenergie erschließt, kann ich dir allerdings nicht sagen, denn jeder hat dafür seine eigene Methode. Meine ist, wie gesagt, die des Chantens des Mantras *"Nam Myoho Renge Kyo"*. Dieser rhythmische Sprechgesang weckt sofort meine innere Lebensfreude, die mir selbst dann ein Lächeln auf mein Gesicht zaubert, wenn ich es nicht für möglich halte. Sollte dich der Buddhismus Nichiren Daishonins interessieren, kontaktiere mich gerne dazu über meine Website.

Und last but not least: Genieße dein Leben! Jetzt, hier und heute! Wenn du nicht weißt, wie, kümmere dich darum, dass du es zu einem Leben machst, das du genießen kannst. Der Verlauf deines Lebens liegt in deiner Hand. Du kannst die Verantwortung dafür nicht abgeben – auch nicht an einen Mann. Mangelnde Freude und Lebenslust sind, abgesehen von Kindheitstraumata, die Ursachen für die übermäßige Konzentration auf einen Mann. Er wird dir diese Leere jedenfalls nicht abnehmen können, selbst wenn er wollte. Also beginne selbst damit, sie zu füllen und neue Weichen in deinem Leben zu stellen: in Richtung der allumfassenden Liebe! Durch deine wachsende Lebensfreude entsteht ein Sog, der dich unwiderstehlich macht!

LAUF NICHT DEN MÄNNERN HINTERHER! LASS SIE SICH UM DICH BEMÜHEN! WENN DEIN PRINZ DAS NICHT TUT – IST ER KEINER.

Erlebe die Liebe in dir

M al abgesehen von deinem Wunsch nach einer erfüllten Beziehung gibt es also die erfreuliche Möglichkeit, eine wundervolle Beziehung zu dir selbst einzugehen. Du bist die Hauptperson deines Lebens. Schließlich verbringst du 24 Stunden am Tag mit dir. Das entscheidende Element, damit die Liebe in einer Bindung gedeihen kann, ist und bleibt die Beziehung zu dir selbst.

Stell dir doch einfach einmal vor, dein großer Wunsch nach einem Partner sei schon in Erfüllung gegangen und du lebst jetzt mit deinem "Traumpartner" zusammen. Ziel erreicht. Und was kommt dann? Werdet ihr für alle Zeit die rosarote Wolke bewohnen, weil ihr ja "anscheinend richtig" füreinander seid? Wird ein Kind diesen paradiesischen Zustand krönen – und dann ist dein Leben erfüllt? Vielleicht in deiner Fantasie. In der Realität geht "der Spaß" dann erst richtig los. Die Herausforderungen lassen nicht nach, und du wirst dich ab und an sehnsuchtsvoll an dein Singledasein zurückerinnern, in dem alles viel einfacher schien. Mach dir nichts vor. Du darfst weiterwachsen, und es wird für dich viel zu tun geben, denn Hindernisse aller Arten pflastern jeden Beziehungsweg.

Gerade in Beziehungen ist es wesentlich, dass du Antworten auf Fragen findest wie: Wer bist du? Was brauchst du? Was kannst du heute für dich tun? Die Fähigkeit, eine wundervolle Beziehung mit dir selbst einzugehen, ist das A und O, um dein Leben und auch deine Partnerschaft genießen zu können. Indem du dich dir widmest und dich liebevoll um deine Bedürfnisse kümmerst, verstärkst du das Gefühl der Selbstliebe. Indem du auch all die Anteile deines Wesens akzeptierst und annimmst, die du und andere an dir in der Vergangenheit abgelehnt haben, aktivierst du dein Mitgefühl mit dir und erreichst mit der Zeit die bedingungslose Annahme deiner gesamten Persönlichkeit. Je mehr Aspekte deiner vielfältigen Persönlichkeitspalette du erkennst und annimmst, desto "runder" und authentischer wirst du. Aus dem "halben Ball" wird eine ganze Kugel! Damit du "ganz" werden und einen Partner, der sich ebenfalls vollständig fühlt, in dein Leben ziehen kannst, bedarf es einer beglückenden inneren Ursache, die du immer wieder neu setzt: Erlebe die Quelle der Liebe in dir.

Je höher die Liebesenergie in dir, desto stärker ist dein Empfinden von Fülle und Glück. Und je stärker deine Ausstrahlung von Liebe, Fülle und Glück ist, desto eher ziehst du Männer an, die ebenfalls einen positiven Level an Selbstliebe in sich tragen.

Vielleicht fehlt dir noch die Erfahrung, wie du dir diese Quelle erschließen kannst und was genau damit gemeint ist. Jemand, der noch nie in einen Apfel gebissen hat, wird auch nicht wissen, wie erfrischend und süß er schmeckt, egal, wie detailliert sein Geschmack auch beschrieben wird. Wende dich meditativ nach innen und visualisiere die Existenz der Kraftquelle in dir, die sich dir eröffnet, sobald du aktiv nach ihr suchst.

Wie wäre es mit der Vorstellung, dass du bereits perfekt mit allem ausgestattet bist, was du für dein Glück brauchst? Ein schöner Gedanke, oder? Lasse ihn zu, male ihn dir bildhaft aus und bitte dann dieses Potenzial in dir, sich zu zeigen. Allein schon diese Vorstellung wird dich auf spirituelle Wege leiten, die deine Frage nach der Quelle früher oder später beantworten werden. Vielleicht wecken Seminare in deiner Umgebung dein plötzliches Interesse oder eine Freundin gibt dir einen Hinweis auf eine Meditationstechnik, mit der sie ein Schlüsselerlebnis hatte. Sobald du dich öffnest, kommen diese Möglichkeiten in dein Leben. Es liegt ganz an dir, ob du nach mehr suchst als nur nach einem Partner, um glücklich und erfüllt zu sein.

Suche die Liebe nicht außerhalb von dir selbst. Die Widmung an die Liebe in dir wirkt wie eine Einladung, dass sie sich entfalten möge. Sobald du dir deiner Mitte bewusst wirst, ist es so, als würdest du der Liebe einen Platz in deinem Leben anbieten: *"Hier ist noch ein warmes, kuscheliges Plätzchen für dich frei, liebe Liebe. Hier kannst du gerne einziehen und bleiben!"*

Umgekehrt funktioniert das dummerweise auch. Liebe tritt in den Hintergrund, sobald du ihr keinen Raum gibst. Das geschieht immer dann, wenn du das Zentrum deines Seins verlierst und dich auf Mangel, Klage, Ärger und Angst fixierst. In Beziehungen wird dir dieses Phänomen klar vor Augen geführt. Wenn deine Absicht, mit der du einer bestimmten Person begegnest, liebevoll ist, verbreitest du auch eine angenehme, einladende Atmosphäre. Hegst du dagegen heimlichen Groll gegen jemanden und machst nur äußerlich gute Mine zum bösen Spiel, wird deine ärgerliche Emotion sich auf deinen Partner übertragen, ob du sie nun versuchst zu überspielen oder nicht.

Was du aussendest, kehrt zu dir zurück. Alles beginnt und endet mit dir, denn du hast einen Anteil an allem, was du erlebst. Du hast tatsächlich immer die Wahl: Wählst du Liebe oder Angst?

Um wirklich glücklich zu werden und den Zustand innerer Zufriedenheit und Harmonie in dir zu erfahren, brauchst du nichts weiter als die Bereitschaft, dich auf die unbegrenzte Lebenskraft der Liebe in dir zu konzentrieren. Deine Verbindung mit der grenzenlosen Lebensfreude macht dich innerlich frei und unabhängig. Dadurch fällt das Hoffen und Warten auf ein Stück vom Glück anderer weg. Entscheide dich jeden Tag neu für dein Glück und die Liebe zu dir – und Liebe wird dein Leben erhellen. Das Glück wird dir folgen, wenn du damit aufhörst, ihm hinterherzujagen.

Übung

Herzheilung: Erlebe die Kraft der Liebe in dir

Setze oder lege dich entspannt hin und schließe die Augen. Richte deine Aufmerksamkeit bewusst auf deinen Atem, um dir gewahr zu werden, dass er ein konkreter Ausdruck lebenserhaltender Prozesse in dir ist, die ununterbrochen in deinem Körper fließen. Bedanke dich innerlich für den Fluss deines Atems und danke auch deinen kostbaren Lungen. Danke deinem wunderbaren Herzen dafür, dass es in jedem Moment Blut und Sauerstoff in jede Zelle deines Körpers pumpt.

Werde dir bewusst, dass dein Körper ein lebendiges Gefäß ist, das du bewohnst und das dir tagtäglich bedingungslos dient. Erkenne, dass es in deiner Verantwortung liegt, gut mit diesem Gefäß umzugehen. Schenke deinem Körper Wertschätzung dafür, dass er dich jeden Moment am Leben erhält. Beschließe, diese Bemühungen zu unterstützen, indem du deinen Körper gesund ernährst, vor Giften bewahrst und regelmäßig bewegst.

Frage dich einen Moment: *"Was ist die Kraft, die mich am Leben hält? Ist die Liebe nicht Teil dieser Kraft? Oder ist Liebe vielleicht sogar diese Kraft?"*

Richte deine Aufmerksamkeit für einen Moment auf die fantastische Lebenskraft der Liebe, die ebenfalls durch deinen Körper, dein Herz und deinen Geist fließt. Stell dir vor, wie jede einzelne deiner Billionen von Zellen sich für den Fluss dieser Liebe öffnet und mit Liebesenergie aufgetankt wird, in etwa so, wie das mit Sauerstoff geschieht. Du brauchst für dieses Aufladen nichts anderes zu tun, als dich an diesem Bild zu erfreuen und dir dessen bewusst zu werden. Lass den Fluss pulsierender Liebe vor deinem geistigen Auge zu.

Du kannst dir auf dieser kleinen Reise nach innen auch vorstellen, wie eine innere Sonne dein Wesen, deinen Körper und deinen Geist mit goldenem Licht erhellt und wiederauflädt. Egal, wie erschöpft oder leer du dich gefühlt haben magst, in dem Augenblick, in dem du dich der Liebesenergie in dir widmest, stellst du die Weichen dafür, dass die Quelle der allumfassenden Liebe dein Sein erfüllt. Vielleicht gelingt dir das nicht bei deinem ersten oder zweiten Versuch. Gibst du jedoch nicht auf und vertraust darauf, eine neue, beglückende Erfahrung zu machen, lösen sich mögliche zweifelnde Blockaden auf und du gewinnst einen Eindruck von der stärkenden Kraft in dir. Hier einige Affirmationen, die du dir sagen kannst. Lasse jede einzelne ein paar Sekunden in dir wirken, bevor du zur nächsten übergehst:

- Ich widme mich dem Erleben der Liebe in mir.
- Ich lade die Liebe zu mir ein.
- Ich wähle, der Liebe in mir Raum zu geben.
- Ich lasse alle Blockaden los, die den Fluss meiner Liebe behindern.
- Ich wähle, mich zu lieben und mich zu würdigen – so wie die Liebe es tun würde.
- Ich wähle, mein Zentrum zum Zentrum zu machen.
- Ich widme mich meiner inneren Welt, bevor ich mich der äußeren zuwende.
- Ich suche die Wurzeln meiner Gefühle in mir.
- Ich kümmere mich um mein Wohlbefinden.
- Ich bin bereit, mir Freude zu bereiten.
- Ich widme mich der Heilung meines verletzten inneren Kindes.
- Ich widme mich der Heilung meines Herzens.
- Ich fokussiere mich auf Lösungen, auch wenn ich sie noch nicht kenne, und vertraue auf die Kraft der Liebe. Liebe heilt alles.
- Ich nehme die positive Lebenskraft der Liebe in mir an.

- Ich genieße mein Dasein und stehe zu mir.
- Ich bin mir der Allgegenwart der Liebe bewusst und entscheide mich immer wieder für sie.

Wenn du eher praktisch veranlagt bist, mach doch einfach all das, was dir hilft, um dich gut zu fühlen. Sei es Joggen, Tanzen, Singen, Sport und jede Form der Bewegung. Das ganze Leben ist Veränderung und bewegt sich pausenlos. Daher nimmst du deine Lebensenergie auch umso deutlicher wahr, je öfter du dich über Bewegung in den Energiestrom des Lebens einklinkst.

Bist du ein Sportmuffel, dann unternimm kurze Abstecher in die Natur, pflege deine sozialen Kontakte, sei für andere da und erlebe bewusst, wie die Freude, die du anderen gibst, auch deine eigene Lebensfreude weckt. Erlebe, dass dein Einfluss auf andere eine positive Wirkung hat, die dir zeigt, wozu du fähig bist.

Ein anderes einfaches Mittel, um zu dir zu kommen, ist "Entspannung". Lasse es zu, zeitlos zu sein. Klinke dich aus dem Rad deiner Verpflichtungen aus, atme durch, komme zur Ruhe, entspanne und verwöhne dich. Je entspannter du bist, umso deutlicher werden dir deine wahren Gefühle und Bedürfnisse, denn dann lenkst du dich nicht mehr von ihnen ab. Auch deine Umgebung kann sich entspannen, je entspannter du bist. Männer schätzen entspannte Frauen, die mit ihrer gelassenen Art eine angenehme Atmosphäre verbreiten. Dazu gehört auch, dass sie ihnen weder die Verantwortung für ihr Befinden übertragen noch dass sie ihnen mit einer übertriebenen Einmischung in ihre Angelegenheiten alles abnehmen. So kann "mann" auch mal riskieren, ein Mann zu sein und seinerseits etwas für die gechillte Dame zu tun, ohne gleich mit einem Heilsbringer oder Halbgott verwechselt zu werden. Auch hier dient Selbstliebe als Schlüssel, da es dir ein zufriedener, sonniger Lebenszustand erlaubt, gelassen im Moment zu sein und andere zu lassen, wie sie sind.

Letztlich geht es jedoch nicht darum, Selbstliebe als Mittel zum Zweck zu praktizieren – nämlich um einen Partner in dein Leben zu ziehen –, sondern vielmehr darum, jeden Moment deines kostbaren Lebens schätzen und genießen zu können. Ob mit oder ohne Mann.

Die Liebe zum Leben ist die Essenz und das Geheimnis für ein erfülltes und authentisches Dasein. So schön Zweisamkeit auch ist, sie ist nicht die Bedingung für Liebe und Glück. Liebe ist bedingungslos, grenzenlos und frei. Je mehr du mit der Kraft wahrer Liebe in Verbindung kommst, desto leichter wird es dir fallen, Liebe mit Leichtigkeit fließen zu lassen, sie anzunehmen und zu geben. Du bist Liebe, doch die Liebe gehört dir nicht. Sie gehört niemandem. Liebe ist. Jetzt und hier. Und genau deswegen kann sie dich niemals verlassen.

"GÖTTIN"

Songtext von Julia Kathan alias JULES

Ja, es ist jetzt schon so lange her,
dein Herz ist schwer,
weil du was war so vermisst,
und so sehr du's auch suchst,
es gibt kein Zurück,
weil dein wirkliches Glück
längst schon in dir liegt.

Ja, es geht nur nach vorn, nie zurück,
das tut dir weh.
Was zählt, ist nur der Augenblick,
und ich hoffe,
du kannst das jetzt selber sehen
und die Kraft in dir wirklich versteh'n.

Du hast so sehr vertraut
und trotzdem nächtelang geweint,
weil dein Traum dir für immer
ganz unmöglich erscheint.
Komm, schmeiß' die Zweifel hin
und lass den Dingen ihren Sinn,
und beklag' dich nicht,
dass etwas ganz Neues anbricht.
Wird höchste Zeit, dass du dich von Fesseln befreist,
wenn du sie spürst und wach wirst und schreist.
Komm, trau're nicht dem nach, was war,
dreh dich nicht um,
dann wirst du den Zauber verstehen.
Und ein jeder Wunsch wird in Erfüllung gehen,
und dann kannst du die Göttin
in dir selber sehen.

Literatur

- Ablass, Werner: Leide nicht – liebe! Über die Liebe zur Liebe ohne Objekt, Aachen 2004
- Beattie, Melody: Kraft zum Loslassen, München 1991
- Fromm, Erich: Die Kunst des Liebens, Frankfurt/Berlin 1995
- Gawain, Shakti: Leben im Licht, Heyne, München 1986
- Georgian, Linda: Liebe und Spiritualität, München 1999
- Goethe, Johann Wolfgang von: Die Leiden des jungen Werther, Frankfurt 1774
- Katie, Byron: Lieben was ist, München 2002
- Keyes, Ken: Bedingungslos lieben lernen, München 1996
- Mellody, Pia, Andrea Wells Miller, J. Keith Miller: Facing Love Addiction, New York 1992
- Mohr, Bärbel: Bestellungen beim Universum, Düsseldorf 1998
- Norwood, Robin: Wenn Frauen zu sehr lieben, Reinbek bei Hamburg 1986

Kontakt

Feedback & Fragen

Du kannst mir gern dein Feedback oder Fragen zum Buch an meine E-Mail schicken: *info@juliakathan.de*. Ich freue mich über deine E-Mail und antworte dir so schnell wie möglich. Solltest du auf Facebook sein, können wir uns gern verbinden.

Love Coaching

Um Lösungen für dein Liebesdilemma zu finden, biete ich *"Telefon-Coaching"* an. Wenn du Hilfestellung zum Thema Liebe, Liebessucht, Liebeskummer, Selbstliebe, zum Entfachen deiner Kreativität oder zum Entdecken deiner Gaben brauchst, kannst du mich über meine Website kontaktieren: www.juliakathan.de

Hier findest du Infos, wie du ein Coaching per Telefon mit mir vereinbaren kannst. Schicke mir einfach eine Mail und ich rufe dich für ein unverbindliches Vorgespräch zurück.

Raus aus dem Liebeskummer – hin zu wahrer Liebe zu dir und anderen!

Wirf alte Muster über Bord und mach' dich bereit für neue, glücklichere Erfahrungen mit der Liebe!

Liebe ist der Austausch von Freude!

Aktuelle Infos zu meinen Seminaren und Vorträgen entnimmst du bitte meiner Website.

Melde dich einfach per E-Mail bei mir oder verbinde dich mit mir auf Facebook. Ich habe auch eine Facebookgruppe namens POWER OF LOVE gegründet, in der du die Themen dieses Buches mit anderen Frauen vertiefen kannst.

Musik von Julia Kathan alias Jules

Julia Kathan, alias JULES

Liebesfieber

"Poetry Pop" mit starken deutschen Texten
Als Julia Kathan, Spitzname *"JULES"*, 2011 dem Musiker und Songwriter O. J. begegnet, ist das der Auftakt zweier musikalischer Seelenverwandter. Die beiden inspirieren sich gegenseitig so sehr, dass sie in Kürze 30 Songs komponieren. Was die Magie dieses Duos ausmacht, ist die verspielte Leichtigkeit der beiden. Starke, alltagspoetische deutsche Texte treffen auf zündende Melodien – getragen von der ausdrucksstarken Stimme der Sängerin Jules.
Im Kölner Topaz-Studio treffen sie auf Tonmaster Reinhard Kobialka. Die Chemie stimmt, und in nur drei Tagen nehmen sie zwölf ohrwurmverdächtige Songs auf, die die ganze Gefühlspalette der Liebe spiegeln: Leichtigkeit, Sehnsucht, Ausweglosigkeit und Leid. Ihr Debüt-Album taufen sie *"Liebesfieber"*.

Julia Kathan, alias JULES

Am Ende der Nacht

2013 produzieren sie im Topaz ihr zweites Album *"Am Ende der Nacht"*. Dafür haben die beiden sich mehr Zeit genommen. 13 neue Songs gehen an den Start.

Erhältlich im Internet auf www.amazon.de, www.itunes.de etc.
Alle aktuellen News zu JULES findest du hier: www.jules-songs.de.
Du kannst dich für Infos auch auf Facebook mit "Jules-Sängerin" verbinden.

Das Hörbuch zu »Alles für ein bisschen Liebe?«

Julia Kathan

Alles für ein bisschen Liebe?
Schluss mit Warten und Schmachten
Liebessucht erkennen und heilen

3 CDs & Booklet · Spieldauer 3 h 28 min
ISBN: 978-3-930243-63-1
€ [D] 16,95

288 Seiten, gebunden
ISBN 978-3-930243-41-9
€ [D] 15,30

Jan Geurtz

Suchtfrei

Die Illusion durchschauen

Viele Menschen haben Selbstzweifel, ein Gefühl von Unzufriedenheit, Wertlosigkeit oder Leere und versuchen diesen zeitweilig zu entfliehen: mit Drogen, Medikamenten, Alkohol, Rauchen, Spiel-, Ess-, Sex- oder Beziehungssucht, sonstigen Süchten wie z. B. der nach Fernsehen, Internet oder PC-Spielen oder Selbstkontrolle. Dabei ist manchen ihr zwanghaftes Verhalten nicht einmal bewusst. Jan Geurtz entlarvt die all diesen Phänomenen zugrunde liegende Illusion und zeigt einen Ausweg aus diesem Teufelskreis. Er erklärt überzeugend die Ursachen von Sucht und vermittelt eine tiefe Selbsterkenntnis, aus der heraus Abhängigkeit leicht aufgegeben werden kann.

202 Seiten, gebunden mit
Schutzumschlag
ISBN 978-3-930243-30-3
€ [D] 10,80

Wener Ablass

Leide nicht – liebe

... miteinander glücklich sein

Werner Ablass zeigt, wie man in die Schwingung von Agape gelangt – einer Liebe, bei der das Objekt zweitrangig ist. Das heißt: Man liebt nicht, weil man bestimmte Menschen oder Dinge liebenswert findet. Man liebt, weil man merkt, wie gut es einem dabei geht. Wer so liebt, wird dadurch zum Magneten für Harmonie, Glück und Erfolg und gelangt zu seiner wahren Natur, die nichts anderes ist als Liebe.

160 Seiten, broschiert
ISBN 978-3-89845-413-1
€ [D] 12,95

Fritz Weber

Finde, was dir dein Partner nicht geben kann

In unserer Partnerschaft sind wir oft gefangen in unerfüllten Sehnsüchten und benutzen einander, um uns scheinbar besser, lebendiger, glücklicher zu fühlen. Damit versuchen wir unbewusst, von der Energie des anderen zu leben, statt in uns selbst die wahre Quelle der Erfüllung zu finden und unser Lebensglück selbstverantwortlich in die Hand zu nehmen.

Fritz Weber lädt uns zu einer spannenden Wandlungsreise zu unserem eigenen großartigen Potenzial an Liebe, an Glücksfähigkeit und damit auch an neuer Freude am Leben ein. Sein Buch ist kein üblicher Beziehungsratgeber, sondern ein Weg zur Heilung und Erfüllung unserer tiefen Sehnsucht nach Liebe.

160 Seiten, gebunden
ISBN 978-3-89845-516-9
€ [D] 12,95

Bärbel Mohr

Bestellungen beim Universum

Ein Handbuch zur Wunscherfüllung

Bärbel Mohr zeigt, wie man sich den Traumpartner, den Traumjob oder die Traumwohnung u.v.m. einfach »herbeidenken« und quasi beim Universum »bestellen« kann. Sie bringt dem Leser bei, auf seine innere Stimme zu hören, sich selbst gegenüber eine stärkere Verpflichtung einzugehen und sein Leben insgesamt positiver zu gestalten. Zahlreiche kleine Anekdoten und Parabeln durchziehen das humorvoll geschriebene Büchlein, das durch Lebenstipps für jeden Tag abgerundet wird.
Ein ideales Geschenkbuch, das einen auf sonnige Gedanken bringt und bereits Tausende von Lesern in seinen Bann gezogen hat.

464 Seiten, broschiert
ISBN 978-3-89845-112-3
€ [D] 19,90

Walter Rotter

Charaktere erkennen – Menschen verstehen

... miteinander glücklich sein

Eine echte Sensation! Nach über drei Jahrzehnten intensiver Studien und beratender Tätigkeit ist Walter Rotter – allein auf der Grundlage des Geburtsdatums und der Geburtsstunde – in der Lage, den Charakter jedes Menschen zu erfassen, den Zugang zu diesem zu finden und ihn im Herzen zu berühren.
Mit Hilfe dieses Buches wird nun auch Ihnen der Zugang zu vielen Menschen erleichtert werden. Lassen Sie sich überraschen von der Vielfältigkeit dieser wunderbaren Grundcharaktere, lernen Sie sie zu verstehen – und Sie werden ein erstaunliches Feedback erhalten ...

160 Seiten, broschiert,
2-farbig
ISBN 978-3-89845-302-8
€ [D] 14,90

Petra Schmidt-Decker

52 Verträge mit mir selbst

Das Geheimnis der Gewinner

52 VERTRÄGE MIT MIR SELBST wirken wie eine unerwartet positive Nachricht: Sie bekommen bereits beim Lesen gute Laune, werden zuversichtlich, strahlen aus, dass auch Sie das Gewinner-Gen in sich tragen. Dieses Buch zeigt Ihnen, wie Sie es aktivieren können.
Das lang gehütete Geheimnis, wie man Angst, Unsicherheit, Niedergeschlagenheit in Zuversicht, Optimismus, Lebensfreude, in Mut, Energie und Anerkennung umwandelt, wird hier zum ersten Mal gelüftet.

288 Seiten, broschiert
ISBN 978-3-89845-420-9
€ [D] 14,95

Larisa Renar

Die Macht der Weiblichkeit

Die Macht weiblicher Energierituale
Dieses Buch beschreibt die Stärken der weiblichen Energie, die schönen Schwächen, die unglaublichen Möglichkeiten und die süßesten Mächte der Erde. Entdecken Sie mit diesem voller Charme geschriebenen Buch Ihre Weiblichkeit, die Macht der Verführung und das Geheimnis, wie Sie Ihre Wünsche realisieren. Mit Larisa Renars geheimem Wissen über die weibliche Macht werden Sie zur modernen Liebesgöttin ...

120 Seiten, broschiert
ISBN 978-3-89845-435-3
€ [D] 12,95

Corinna Thiel

Die weibliche Urkraft wiedererwecken

Dieses Buch begleitet Frauen, die sich auf den Weg der eigenverantwortlichen Entwicklung gemacht haben, die Änderungen in ihrem Leben und Alltag vollziehen möchten, um sich ein glücklicheres, erfüllteres Dasein zu schaffen.
Um diese Frauen zu stärken, hat Corinna Thiel die Botschaften weiblicher Göttinnen und weiblicher Engelenergien empfangen – Botschaften, die tiefe Wahrheiten des weiblichen Seins an die Oberfläche bringen, um gehört, beachtet und gelebt zu werden. Mithilfe dieser Energien finden Sie zu Ihrer eigenen weiblichen Kraft zurück, liebevoll gefördert und angeleitet durch die Hüterinnen des ursprünglichen Wissens einer jeden Frau.

336 Seiten, Klappenbroschur
ISBN 978-3-89845-385-1
€ [D] 18,95

Allan G. Hunter

Die 6 Archetypen der Liebe
Vom Unschuldigen zum Magier

Die Rolle der Liebe im Leben verstehen – für viele ist das ein nur schwer greifbares Thema. Allan G. Hunter lädt Sie ein auf eine Reise zur Liebe, die sowohl Station macht bei den alten Weisheiten des Tarots wie auch bei Liebespaaren aus dem alltäglichen Leben. Er verknüpft gekonnt Popkultur mit mystischem Wissen und verrät Ihnen, wie unterschiedliche Liebestypen sich verhalten – sowohl innerhalb als auch außerhalb des Schlafzimmers. Erkennen Sie, wie Sie alle Facetten der Liebe ergründen können. Und entdecken Sie, wie Sie die Liebe finden und sie erfolgreich in Ihrem Leben halten.

120 Seiten, 2-fbg., broschiert
ISBN 978-3-89845-452-0
€ [D] 12,95

Silke Gramer-Rottler

Was uns alle trägt
Die Kraft des Urvertrauens in einer reizüberfluteten Welt

Wir leben in einer schnelllebigen Welt, in der Hektik und Ängste unseren Alltag bestimmen.
Silke Gramer-Rottler zeigt uns, wie wir zurückfinden können zur berühmten Leichtigkeit des Seins. Sie erklärt, wie wir in unserem Leben wieder Raum schaffen können für die wesentlichen Dinge und wie dadurch die ganzen Unsicherheiten des Alltags verschwinden.
Wenn wir innehalten in dieser reizüberfluteten Welt entdecken wir, dass das Leben uns trägt.

136 Seiten, broschiert
ISBN 978-3-930243-69-3
€ [D] 12,95

Sally Bongers

Alltägliche Erleuchtung
Sieben Geschichten über das Erwachen

Jenseits des Rampenlichts: Wie Erleuchtete ihren Alltag erleben. Sally Bongers gelang es, sieben Menschen aufzuspüren und zu interviewen, die nach ihrem Erwachen im Verborgenen blieben und nicht wie andere zu Lehrern und/oder Autoren wurden. Anonym schildern sie hier die Geschichte ihrer Transformation und berichten davon, wie sich ihr Alltag seitdem gestaltet. Dabei räumen sie mit zahlreichen falschen Vorstellungen von der Erleuchtung auf, die viele spirituelle Sucher hegen. »Ich erkenne jetzt, dass es jedem ›passieren‹ kann. Es gibt keine Voraussetzungen für Erleuchtung«, schreibt die Autorin dazu.

224 Seiten, gebunden
ISBN 978-3-930243-73-0
€ [D] 15,80

Michael H. Buchholz

Die universellen Lebensregeln
Der Kompaß für Alles was du willst

Das Buch enthält 36 universelle Lebensregeln – uralte Regeln verschiedener Kulturen, die aufgrund ihrer universellen Prägung allgemeingültig sind: für jeden, jede Lebenssituation, für das Erreichen jedes Ziels. Sie zeigen auch auf, weshalb es im Leben zu Schwierigkeiten kommt und wie man diese umschifft. Dieses leicht verständliche Buch dient als praktischer Kompass, um erfolgreich durchs Leben zu navigieren.

Weiterführende Informationen zu
Büchern, Autoren und den Aktivitäten
des Silberschnur Verlages erhalten Sie unter:
www.silberschnur.de

Natürlich können Sie uns auch gerne den
Antwort-Coupon aus dem beiliegenden
Lesezeichenflyer zusenden.

Ihr Interesse wird belohnt!